LA VIE DE

WALT WHITMAN

par

CAMERON ROGERS

Traduit de l'anglais par

H. PIERROT

nrf

9ᵉ édition

LIBRAIRIE GALLIMARD

PARIS 43, rue de Beaune 1930

LA VIE DE
WALT WHITMAN
LE FLANEUR MAGNIFIQUE

WHITMAN À 5o ANS

Photographie de FRANK PEARSALL

LA VIE DE

WALT WHITMAN

LE FLANEUR MAGNIFIQUE

par

CAMERON ROGERS

Traduit de l'anglais par

H. PIERROT

nrf

9ᵉ édition

LIBRAIRIE GALLIMARD
PARIS   43, rue de Beaune   1930

CHAPITRE I

Walter Whitman était un fameux malin, un type chançard, dont l'amour ne troublait pas la raison. Ainsi pensaient sans doute ses amis du village de Huntington dans Long-Island, quand il obtint, en 1816, la main de Louisa Van Velsor. Elle était la fille du vieux « Commandant » Cornelius Van Velsor, un Hollandais, tempêtueux comme le vent de mars, qui tirait une honnête aisance de l'élevage des chevaux et vivait dans une grasse ferme située sur la baie de Cold Spring, à trois milles au plus de l'habitation des Whitman.

Si les amis de Walter le jugeaient ainsi, ils se trompaient. A vingt-sept ans, Walter était riche de qualités solides, mais ignorait l'habileté ou le calcul. Six pieds de haut, musculature de bison, solidité de vieux chêne, au moral renfermé, réticent, triste. Peu d'imagination, peu de sensibilité apparente. Sa famille, tout comme celle de sa femme, cultivait depuis de nombreuses générations les terres fertiles de Long-Island sur les plateaux de West Hills, mais Walter n'envisageait dans cette occupation traditionnelle ni profit ni plaisir dans l'avenir. Aussi, bien avant son mariage, s'était-il fait charpentier et ce fut dans une maison bâtie de ses mains noueuses qu'il amena la jeune mariée.

Sûrement, Walter avait de la chance, même si la dot sonnante, imaginée par ses amis, n'apporta jamais aucun changement appréciable dans sa situation matérielle, si tant est qu'on la lui ait jamais offerte ou remise. Louisa se trouva maîtresse d'une maison de moins de vingt pieds carrés, toute exiguë, de haute toiture — la maison d'un ouvrier, bâtie par lui, honnêtement, avec ses outils, pour une vie simple. Par un soir de juin — le soir de leur mariage — quand elle arriva avec Walter à leur maison, elle soupira doucement. En comparaison, la demeure du commandant Van Velsor semblait un immense manoir, plein de possibilités infinies pour y vivre à l'aise et en joie. Parfois, même quand il lui faisait la cour, elle s'était sentie seule auprès de lui, car il gardait en soi ses réactions aux événements de la vie ; elle aurait tant voulu en discuter avec lui. Dans cette maison où il l'avait amenée, elle lut vite le caractère de son Walter. Rude, anguleux, renfermé, il lui faisait un peu peur. Elle détestait la solitude.

On avait fort recherché Louisa, jeune fille, dans le pays, non seulement pour sa dot possible, mais pour ses qualités solides et avenantes. Dans ses veines coulait le sang hollandais des Van Velsor, affiné par l'apport gallois des Williams, la famille de sa mère, et dans la généreuse beauté de son visage et de son corps les caractères souverains des deux races s'exprimaient harmonieusement. Comme bien d'autres jeunes filles de son milieu à Long-Island, elle était à peu près illettrée, mais c'était plutôt un avantage en sa faveur aux yeux des jeunes coqs de Huntington, car à leur avis une femme livresque n'aurait pu être une épouse féconde et une vigoureuse ménagère. Il semblait difficile de croire qu'une femme eût à la fois les trois qualités. Louisa n'avait besoin que de son charme solide et de la douceur candide de sa nature pour être la beauté du village. Elle aurait sûrement pu attraper dans ses filets une prise plus importante que Walter. Elle pouvait choisir entre tous ces hommes de haute stature qui buvaient du cidre dans la grande cuisine de son père les soirs d'hiver, dévidant les récits bien arrangés de la bataille de Yorktown et des campagnes de Washington, ou de la plus récente guerre ; mais dans les silences lourds et dans la rude confiance de son jeune charpentier, elle sentait le besoin qu'il avait d'elle et en était touchée. Son père, le commandant, ne trouva pas son choix bizarre.

Les Whitman de West Hills cultivaient des terres fertiles depuis plus d'un siècle et demi, ils avaient été des hommes d'importance dans la communauté, rudes et frugaux, quoique sans jamais y remplir d'autre rôle que celui de riches fermiers. Le grand-père de Walter possédait cinq cents acres labourés par des esclaves. Les fermiers moins riches le considéraient à l'égal des plus grands propriétaires du pays, une puissance agraire respectée dans les colonies, bien que son prestige eût eu à souffrir plus d'une fois de la conduite de sa bonne épouse. Cette femme s'intéressait outre mesure aux champs de son mari, aux récoltes et à leur sage économie. Elle avait peu d'estime pour ses esclaves ; si on ne les battait pas comme plâtre, affirmait-elle à son mari, leur paresse chasserait le maître de chez lui et le mènerait à l'hospice. Les contremaîtres étaient de vrais vauriens qui avaient pris l'habitude de dormir à midi de peur de travailler trop pour leur salaire. Si l'on avait profondément à cœur les intérêts des Whitman, on devrait surveiller le travail aux champs ; qui le pourrait mieux qu'elle ? Le fermier ne sachant trop quoi répondre sur le coup, elle partait de suite pour ses champs, à cheval. Elle dirigeait les esclaves avec habileté, jurant abondamment à l'occasion et usant en public de quantité de tabac — tout ceci au bénéfice des greniers des Whitman mais au désavantage de sa réputation.

Cette grand'mère Whitman vécut jusqu'à quatre-vingt-dix ans, jurant et fumant jusqu'à la fin sans nul doute. Néanmoins, sa présence dans la généalogie de Walter ne troubla pas le commandant Van Velsor qui certainement se souciait fort peu des influences héréditaires, à supposer qu'il sût ce que c'était, et qui vit dans le prétendant agréé par sa fille le fils de braves gens dont la richesse, quoique diminuée depuis la guerre, était encore pleine d'espérances — et Louisa l'aurait épousé malgré tout.

C'est ainsi que Walter l'amena à la petite maison, rude et froide, de West Hills. Malgré la souplesse de son caractère et ses talents de femme d'intérieur, la jeune femme trouva qu'il y avait des coins sous cette charpente de guingois dont elle ne pouvait rien faire, qui lui échappaient, tout comme dans le caractère de son mari ; pourtant elle fit tous ses efforts pour rendre le séjour plaisant, de la cave au grenier.

Walter était dehors toute la journée et s'escrimait avec la hache et le marteau après les pignons sévères de sa construction. Sa façon silencieuse et bourrue de travailler empêchait sa femme d'en discuter avec lui.

Une jeune épouse moins fine que Louisa se serait brisé le cœur contre cette réticence de fer ; elle y sentait quelque chose du stoïcisme d'un enfant trop fier pour avouer sa blessure.

Le soir elle essayait, tendrement, amoureusement, de faire parler son mari pour chasser peu à peu le silence qui l'avait obsédée tout le jour. Elle était décidée à ne pas laisser le sentiment de solitude envahir ses soirées comme ses journées, même si son mari avait l'air de vouloir rester sans bouger à regarder le feu, ses larges épaules pliant sous le poids de sa mystérieuse tristesse. Elle ne prenait pas, comme elle aurait pu le faire, cette mélancolie, apparemment sans cause, pour un manque d'égard immérité envers elle, qui avait quitté un foyer plus généreux par amour de lui. Avec une maturité d'esprit qui dépassait son âge et sa position sociale, elle voulut le guérir et agit en conséquence.

Leur amour n'avait point été de la passion, mais plutôt un calme et mutuel désir, sans romanesque. Walter n'avait rien de l'amant chevaleresque, celui qui fait la cour à sa femme ou la caresse, ou allège ses heures grises par mille petites tendresses qui peuvent si bien illuminer la vie d'une femme profondément amoureuse. Il lui donnait vivre et couvert, bonheur aussi mais selon sa morale austère. Il avait peur de sa propre affection ; aussi, même dans ses bras se sentait-elle seule, implacablement. Mais elle ne désespérait point. Elle pouvait se sentir seule pendant cette longue première année d'adaptation et de solitude. Son désir n'était plus physique maintenant ; c'était une faim spirituelle. Plus tard il y aurait l'enfant, car elle était enceinte. Quand elle en fut sûre, la vie sembla s'éclaircir miraculeusement.

En tremblant, elle fit part à Walter de la nouvelle. Une profonde joie le traversa qu'il manifesta difficilement en une gauche caresse et le conseil bourru de bien prendre soin d'elle. Il partit travailler, ses outils de charpentier au dos : pendant une heure il ne fut plus tourmenté de ses sombres humeurs, et se sentit le cœur gai. Mais il oublia vite, une fois grimpé sur l'échafaudage de la maison qu'il bâtissait pour un fermier dans la plaine de Hampstead et il travailla ce jour comme les autres jours, en silence, puissant et concentré.

Louisa, après s'être occupée de la maison, resta toute la journée assise à rêver à ce compagnon sur qui elle pourrait toujours compter, à cette passion qu'elle pourrait exprimer. L'enfant ne pourrait, comme Walter, refuser cette merveilleuse richesse d'affection qu'elle possédait et qui souffrait de ne pas se donner. L'amour que son mari n'avait su éveiller de ses mains dures ou de ses lèvres presque brutales, s'était transformé en amour maternel. Louisa était faite pour être mère ; vaguement elle se rendait compte qu'elle aimait Walter parce qu'il avait besoin de tendresse, parce qu'il lui fallait quelqu'un pour adoucir la peine que lui donnait ce sentiment d'être inférieur, pour consoler cette déception à demi-consciente, incapable de s'exprimer. Il pouvait paraître à autrui dur et content de soi, mais elle savait déchiffrer sous la pitoyable expression d'abandon qu'on lui voyait quelquefois, la véritable signification de la vie de Walter.

En se donnant corps et âme, elle avait commencé de le guérir, elle l'aidait à trouver le bonheur en lui, mais elle, de son côté, n'avait pu échapper à la souffrance. Elle souhaitait un être dont elle pût être l'entier refuge, un cœur et un esprit dont elle pourrait remplir le premier vide de ses doux conseils aimants, et vers qui, dans son âge mûr, elle pourrait se tourner à son tour pour l'amour qu'elle implorait. Tandis qu'elle guettait sans tristesse la venue de son mari sur la route blanche, c'était une vraie consolation de rêver qu'elle portait en elle un tel être.

Au moment où le soleil couchant allonge les ombres des arbres sur le vert égal des champs, Walter Whitman pousse sa porte ; il jette par terre dans la cuisine une brassée de copeaux à brûler qu'il rapporte de son travail et raconte qu'il vient de rencontrer sur sa route le pasteur Elias Hicks qui l'a salué. Cette nouvelle n'intéresse guère Louisa. Elle veut qu'il parle de ses nouvelles à elle, encore toutes fraîches ; elle le regarde avec de larges et tendres yeux, attendant elle ne sait quelle sympathie caressante et protectrice. Walter, sans mémoire, va se nettoyer avant le souper. Par un prodige de distraction, le malheureux a tout oublié.

— Walter ?

Impossible de ne pas remarquer le ton de cette question. Il lève la tête, tout dégouttant, de la cuvette de fer-blanc où il vient de se tremper ; les yeux de Louisa fixent les siens avec une lumière qui le surprend. Alors, il se souvient ; ses sombres pensées sont dissipées sur le coup. D'un élan, il est près d'elle et à genoux, sa tête mouillée dans son giron, ses longs bras autour d'elle. L'amour de la femme remplit le cœur du mari d'une paix toute nouvelle. Ce jour marque un double triomphe pour Louisa.

Ce fut un garçon, on le baptisa Jesse, car les Whitman tenaient aux noms bibliques. Même dans sa tendre enfance il montra, à l'inconsciente consternation de Louisa, le caractère distant de Walter. Bien qu'elle l'entourât d'un perpétuel rayonnement d'amour, elle se rendait compte qu'elle n'avait pas encore l'enfant qui serait sa joie. Mais l'année suivante, elle mit au monde un autre garçon, un enfant de beauté vigoureuse ; il semblait accueillir la moindre marque d'amour avec un enthousiasme qui remplissait les journées de Louisa d'enchantement. On le baptisa Walter, mais on l'appela Walt pour le distinguer de son père dans les conversations de famille.

Walt prospéra avec une vigueur spontanée et généreuse. Son père l'observait comme les fermiers Whitman regardaient croître une bonne récolte. Walt se laissait examiner aimablement, montrant dans ses grands yeux gris une légère expression de curiosité d'abord, ensuite un ennui enfantin. Il préférait de beaucoup sa mère qu'il suivait toute la journée, se balançant sur ses solides jambes comme un marin à terre. Sa petite tête était rose et fraîche, ses cheveux foncissant dressés en l'air. Il prenait un intérêt solennel aux moindres occupations de Louisa. Parfois, en la regardant d'un air enjoué et confiant, il s'accrochait à un coin de son tablier blanc et s'y roulait. Il lui racontait une histoire en syllabes rapides et liquides qu'elle seule pouvait comprendre et souvent même elle s'y perdait. Walt néanmoins ne jugeait jamais sa mère stupide dans ces cas-là et Louisa, surveillée par un regard vif dans les plis de son tablier, était toujours de son avis. A cette dévotion passionnée pour sa mère, il joignit en grandissant un intérêt ardent pour tout ce qui se passait aux alentours de la maison.

Un vaste et vénérable chêne, vieux de près de deux siècles, l'attira d'abord, parce qu'il avait entendu une fois son grand-père, le commandant joyeux luron, dire devant lui que c'était un arbre assez grand pour servir de perchoir à tous les oiseaux du pays. Walt eût voulu tout de suite en être sûr ; il y voyait déjà des armées de dormeurs duvetés. Ils devaient probablement être tous réveillés et partis chacun de leur côté quand il venait. Il aimait aussi des noyers noirs groupés en bosquets, parce qu'ils s'agitaient ensemble au vent avec des gestes gracieux, comme pour le prier de les rejoindre. De l'autre côté de la route, en face de la maison, un verger de pommiers lui parlait subtilement de bien des façons. Les pommes vertes lui souriaient lâchement à travers les feuilles ; dès qu'elles étaient jaunes et rouges elles riaient, se lançaient des clins d'œil et se poussaient le coude ; quelquefois, dans leur agitation, elles tombaient à ses pieds et le regardaient à la dérobée d'un air provocant qui était toujours leur perte. Walt les ramassait gravement, laissant leurs compagnes contempler leur fin, mais les pommes n'en continuaient pas moins de tomber.

Il était fort intéressé par la mer qui berçait de ses murmures les criques tranquilles de Huntington. Il passait beaucoup de temps à deviner ce qu'elle semblait essayer de lui dire. Il allait trouver sa mère et la questionnait à perte de vue, une question en amenait une autre jusqu'à des profondeurs dont Louisa ignorait les secrets. Walt acceptait ses réponses avec gravité. Elle tremblait qu'il ne la confondît un jour avec les vraies raisons du mouvement des marées, bien qu'il lui semblât difficile qu'on pût posséder une telle science.

A des occasions longtemps attendues, les Whitman accompagnés de Jesse et Walt bien débarbouillés, bien astiqués, allaient jusqu'à Cold Spring à la limite du comté de Queens, chez les grands-parents Van Velsor. Là-bas, la maison était perpétuellement pleine d'une foule d'amis du vieil éleveur. On chantait de vieilles chansons, on racontait de vaillantes histoires et celles-ci trottaient ensuite toutes seules en perruques et culottes, dans la tête sommeillante de Walt, longtemps après que le grand-père et la grand'mère avaient souhaité à tous le bonsoir sur la route au clair de lune.

CHAPITRE II

En 1823, Walt avait alors quatre ans, Walter réunit
un soir un conclave de famille devant le feu. Le petit
cercle s'était augmenté d'une fille, qui ne prit néanmoins aucune part aux affaires, endormie qu'elle était
dans les bras de Louisa, tandis que Jesse et Walt
contemplaient solennellement son minuscule visage
impassible. Walter Whitman avait décidé de quitter
pour toujours les terres de ses pères. Brooklyn, à
l'extrémité occidentale de Long-Island, se transfor-
mait rapidement et le charpentier imaginait les maisons solides qu'il pourrait bâtir de ses mains le long
des rues animées. Louisa écoutait sans joie ces projets
extraordinairement enthousiastes pour son mari. Elle
s'étonnait de le voir envisager tranquillement ce qui
lui semblait à elle l'abandon terrible d'un foyer cam-
pagnard sûr et familier pour l'inconnu d'une existence
urbaine. Elle avait peur. Dans son attachement à la
terre, elle s'imaginait les habitants des villes comme
des êtres tors, privés, en châtiment de leur trahison,
de ces qualités primordiales qui naissent du sol et
du sol seul : la santé, l'honnêteté et la fécondité.

Elle aimait les prés et les bois de son pays comme s'ils étaient de sa famille, elle trouvait déplaisants et indignes d'eux les projets d'avenir que son mari lui dépeignait à la ville, mais son avis comptait peu, elle le savait, car son mari qui se décidait lentement, persévérait avec entêtement dans sa décision. Elle regarda le feu et serra plus fort son dernier-né sur son sein.

Quand Walt comprit qu'il devait quitter son chêne et son bosquet de noyers, son verger et toutes les occupations qui avaient fini par absorber le plus clair de son temps, il eut envie d'abord de refuser de suivre ; il aimait mieux la compagnie de ses arbres que celle de sa famille, Louisa seule exceptée. Il comptait toujours surprendre le chêne peuplé de tous les oiseaux de la campagne alentour et il n'était pas encore arrivé à comprendre la conversation des calmes vagues de la mer. Après avoir bien regardé son père, il décida de rester à West Hills avec sa mère et aussi peut-être avec sa petite sœur.

Le rapide déménagement de la maison le remplit de chagrin et lui fit comprendre que sans respect pour ses affections, on l'obligeait à leur dire adieu.

Walter Whitman avait loué à Brooklyn une petite maison, juste au bord de l'East River, tout contre le nouveau bac qui faisait le service entre Brooklyn et New-York. Louisa qui transportait avec elle, comme dans les plis de ses vêtements, une atmosphère de confort et de tranquillité, rendit aussitôt la maison habitable et même joyeuse, mais elle gardait en elle le regret de la maison de West Hills, aux vieilles poutres et à la façade balayée de ciel.

Elle avait entendu si longtemps la grêle mélodie

des innombrables cloches des vaches, les chants
affairés des oiseaux, les hurlements du vent brutal de
la mer et tous les bruits de la ferme, que maintenant
ses oreilles souffraient du vacarme des voitures et des
foules. Elle ne sortait guère que pour acheter les pro-
visions dans les boutiques près du bac et elle en
revenait hâtivement par la route non payée, bordée
d'ormes, où se suivaient les vieilles maisons en pierre
ou en brique, à la mode de Hollande, et les bâtisses de
bois plus ou moins barbares d'aspect, bâties à la façon
yankee. Elle avait peur qu'en son absence la méchanceté citadine n'eût joué quelque mauvais tour à ses
enfants ou à ses biens. De retour à la maison, elle
vérifiait les uns et les autres, toute heureuse de les
retrouver.

Le mariage se montrait pour elle une épreuve
pénible, quoique dans sa foi généreuse elle ne se plai-
gnît jamais. Avec le même sens du devoir et le même
manque d'imagination qu'il mettait à bâtir ses re-
vêches maisons à un pignon, Walter engendrait enfant
sur enfant, et sa femme, malgré un intervalle de deux
ans à peine entre leur naissance, arrivait à prendre
soin de tous et de son mari à la fois. Des neuf qu'elle
mit au monde entre 1818 et 1835, huit survécurent
et elle pleura celui qu'elle perdit comme si elle était
déchue de son titre de mère.

La tyrannie des grossesses successives l'usait, mais
ne la domptait point. Quant à Walter, il n'y réfléchit
jamais ; il trouvait qu'en nommant ses trois avant-
derniers, Andrew Jackson Whitman, George Washington Whitman et Thomas Jefferson Whitman, il les
avait équipés utilement pour la vie, surtout s'ils
devaient résider à Brooklyn, car Brooklyn ruisselait

de patriotisme. Mais tout cela ne rassurait guère Louisa.

Walt n'était pas de l'avis de sa mère en ce qui concernait Brooklyn. Il en était lui-même un peu étonné. Ce n'était pas par manque de loyauté ou de fidélité, mais la mémoire chargée de tant de nouvelles impressions évoquait de moins en moins ses anciennes admirations, les arbres et leurs mystères, le retour des fruits et des feuilles sur la roue des saisons et la musique des vagues contre les galets le long des côtes. Walt trouvait Brooklyn rempli de choses du plus grand intérêt : on apprenait beaucoup à observer le va-et-vient des bacs sur le fleuve. Walt allait sur ses cinq ans et suivait sans grand enthousiasme l'école publique. Ses moments de liberté, il les passait à suivre ces gars solides qui jettent du haut du bac les amarres sur le dock. Il admirait leur air de ne rien devoir à personne ; si l'un d'eux abaissait son regard, il rencontrait à la hauteur de sa rotule les grands yeux gris caressants d'un petit garçon solide et rouge en admiration devant sa barbe ou sa pipe. On échangeait alors quelques politesses. Cérémonieusement, Walt demandait si les chevaux, qui tournaient en rond sur les bateaux pour les faire avancer, allaient bien aujourd'hui. Rassuré sur leur santé, il demandait si l'homme aussi, ce géant, allait bien ; qu'arriverait-il s'il avalait la fumée qui sortait continuellement de sa bouche et de son nez ? Était-il vrai que lui aussi, Walter, aurait un jour une grande barbe ? Satisfait par les réponses, Walt admirait respectueusement le géant ; on échangeait des adieux avec dignité et Walt continuait son enquête sur d'autres phénomènes de la vie citadine.

Brooklyn, en l'année 1824, eut l'honneur de recevoir

la visite d'un homme célèbre, le marquis de La Fayette
en personne, un nom glorieux toujours associé par les
Américains de cette époque, à celui de George Washington. Le débarcadère du bac au bout de Fulton
street retentissait d'un bruyant enthousiasme. Le
patriote, l'ami de la liberté, devait poser la première
pierre de la bibliothèque publique. La population
entière de Brooklyn était sortie pour cette cérémonie,
abandonnant les outils sur l'établi, l'argent sur les
tables de change et le pain fumant dans les
fours.

Walt était enchanté ; ses yeux gris pétillaient de
joie. Il attendit avec une centaine d'autres petits garçons et petites filles l'arrivée tranquille de l'embarca-
tion qui approchait du dock. Il y avait fameuse compagnie à bord, des notables de Washington et de New-
York ; une grande foule se pressait à l'avant autour
d'une haute silhouette, légèrement voûtée. Walt écar-
quillait les yeux, il sautait en l'air pour mieux voir.
Le bateau se fraya un passage en écrasant le bois du
dock qui craquait et cédait. Les gens d'importance à
bord s'effaçaient devant ce héros de roman, vieilli et
blanchi, le noble français qui, à l'âge de vingt ans,
reçut de Georges Washington et du Congrès continental
le titre de général dans l'armée révolutionnaire des
États-Unis.

La petite procession se rendit à terre dans un silence
aussi impressionnant qu'un gigantesque tumulte.

Tout à coup, les citoyens de Brooklyn éclatèrent
à la fois comme une bombe humaine, en applaudissements, en hurlements, en acclamations. Des larmes
coulèrent le long de leurs joues, des sanglots secouèrent
leurs gorges, mais ils continuaient d'applaudir. Walt

hurlait sur une note très haute et tenue qu'il arrêta un moment pour admirer le spectacle, mais qu'il reprit de suite de peur que l'œil du héros, le surprenant, ne fût blessé de son manque d'enthousiasme.

La Fayette et les notables montèrent dans des voitures pour une promenade de gala. Le carrosse que le héros honorait de sa présence était sans contredit le plus beau ; Walt s'en rendit compte immédiatement. Il était couleur canari et semblait en lui-même un personnage. Le défilé se dirigea vers l'excavation inégale creusée pour les fondations de la bibliothèque publique ; Walt et les gamins de son âge suivirent au galop. Les carrosses s'arrêtèrent, mais les enfants, dans leur élan, se précipitèrent comme une haute vague dans la fosse. Ils disparurent, petits canetons plongeants, et plusieurs messieurs descendirent de voiture pour les arracher à des positions dangereuses. Le grand homme lui-même, avec sa bonté caractéristique, voulut faire de même. Il regarda autour de lui : juste à ses pieds, se débattait un solide enfant qui brillait comme une bouillotte astiquée. La Fayette le ramassa, mit un baiser sur une joue rouge et le tira du danger. Cette action sans importance, il l'oublia aussitôt, mais pour Walt le monde entier était devenu soudain une vaste arène dans le centre de laquelle seuls et l'objet de tous les regards, se tenaient le marquis de La Fayette de France et d'Amérique et des Panthéons de Gloire, et Walt Whitman de West Hills et de Brooklyn. Il était dans l'extase. Il devait partager cette joie ; c'était trop grand pour lui tout seul. La foule et le héros disparurent et Walt fila comme une flèche à la maison retrouver Louisa.

Leur maison, à cette époque, n'était plus Front street. Walter Whitman jouant un jeu tout à fait contraire à ses talents, spéculait sur les maisons qu'il bâtissait ; il les hypothéquait ou les revendait. A l'infinie consternation de Louisa, elle n'avait pas plus tôt donné à une maison un air de chez soi, que son mari lui demandait de se préparer à déménager. De Front street ils étaient allés Cranberry street, de là à Johnston street où Walter avait bâti une maison un peu moins rude en apparence que les précédentes, et que Walt était tenté de trouver jolie. Mais Louisa n'en tirait aucune satisfaction, elle craignait le pire, et en effet, ils déménagèrent à nouveau, cette fois-ci à Tillary street. Louisa souffrait dans son âme, elle désirait passionnément quelque chose de permanent, car une fois de plus, elle était enceinte.

Le grand jour de La Fayette, Walt se précipita rapide comme l'éclair, chez sa mère ; Louisa s'était rendue au débarcadère comme son mari, mais elle était retournée à ses besognes, le pain, le raccommodage de bas sans nombre. Elle cousait. Son visage avec sa douce sérénité était devenu un peu triste et quand elle tournait la tête on voyait briller des fils d'argent dans ses beaux cheveux épais. Elle avait vingt-neuf ans, et si la grâce flexible de son corps n'avait point diminué, ses mouvements était plus las. Ses yeux ne montraient pas de trace de découragement ou de déception. Ses huit années de mariage l'avaient usée sans tendresse ; elle se rappelait la vie abondante et facile à la maison paternelle, sans presque croire qu'elle y avait jamais pris part. Cette vie lui était devenue si étrangère maintenant qu'il lui semblait impossible d'imaginer un jour où elle pourrait oublier quelques instants les soucis du ménage et ceux des enfants, et où l'enfant nouveau-né et l'enfant à naître n'absorberaient pas complètement ses pensées et ses énergies. Cependant, elle ne se considérait pas moins heureuse que d'autres femmes. Créer un foyer pour son mari et lui donner beaucoup d'enfants, c'était, croyait-elle, tout le bonheur et d'y croire la rendait heureuse, elle s'y accrochait.

Walt arriva, tout trépidant de son aventure. Haletant, sa bouche s'ouvrait sans faire de bruit. Il ne pouvait trouver de début digne de son histoire. Louisa l'accueillit paisiblement.

— Oui, mon fils.

Walt bredouilla.

— Walt, qu'est-ce qu'il y a ?

Il put enfin parler, et La Fayette passa vivant et noble de l'imagination pétillante de Walt dans celle de Louisa. Le récit l'enchanta, mais ne l'étonna pas. Elle n'y voyait pas non plus l'effet du hasard. On avait choisi son fils pour cet honneur parce que, dans toute cette multitude d'enfants, il ressortait comme un enfant extraordinaire et magnifique. Elle était contente qu'on ne se fût pas trompé pour cette distinction. De peur que la noble figure du grand Français ne perdît un iota de sa vive silhouette, Walt recommença son récit : il rembarqua son héros sur le bac, le débarqua, le transporta à l'emplacement de la bibliothèque publique et ainsi jusqu'au prodigieux dénouement. A ce moment, son père entra dans la cuisine, Walt s'arrêta.

— Raconte-le à ton père, Walt.

— Viens ici, mon fils.

Debout entre les genoux de son père, Walt déroula

à nouveau son conte. Walter Whitman l'écouta sans que son visage pensif s'animât.

— Ainsi, il a embrassé mon fils. C'est très bien, Walt. C'est un souvenir à garder. Maintenant, cours, va dire à Jesse de ramasser les copeaux que j'ai rapportés.

Walt sortit. Il avait espéré plus, mais il connaissait son père. Walter Whitman s'animait ou s'enthousiasmait rarement pour ce qui passionnait Walt. Cependant, il aurait pu en dire davantage. Walt y comptait fort peu pourtant. Sa mère aussi avait peu parlé, mais ses silences étaient si remplis de sympathie et de sagesse qu'on n'avait jamais l'impression de monologue en lui parlant. Les silences de son père, ce que Louisa savait depuis longtemps, blessaient comme une dure épée ou un coup de poing. Ils faisaient fuir toute douceur et toute intimité.

Walt réfléchissait au caractère de son père. L'autre jour, il s'était mis tout à coup en colère et il avait frappé Jesse parce qu'il s'était imaginé que celui-ci avait parlé impoliment du pasteur quaker, Elias Hick. Une autre fois, il avait administré à Walt une solide correction pour avoir rempli le seau du puits avec des lilas en fleur. Un homme sévère. Un homme dur, violent, mais Walt l'avait vu un jour où sa mère avait été saisie d'un soudain accès de fièvre, la prendre dans ses bras aussi tendrement qu'elle-même tenait ses enfants, la bercer doucement et lui chansonner une vieille ballade d'amour et d'amoureux ; les larmes coulaient le long de ses joues, jusque sur les cheveux de Louisa. Walt l'avait vu aussi porter dans ses bras pendant plus d'un mille un chien blessé à la patte.

s'en occuper et le nourrir ensuite. Donc aussi, somme toute, un homme admirable.

Ainsi, ayant repris foi en son père, Walt, oubliant Jesse, courut raconter sa grande aventure avec La Fayette à ses amis de haute taille, les dockers.

CHAPITRE III

Walt appréciait très médiocrement l'école. Pendant
six ans il alla, avec une régularité qui ensuite l'étonna,
à une école publique ; ce fut la seule instruction métho-
dique qu'il reçut jamais. Il quittait avec désespoir
la maison à la sommation de la cloche, certain que
ses admirables amis les dockers n'appréciaient pas
cette instruction. Il n'y voyait lui-même aucun intérêt.
Tout lui semblait desséché. Il ne trouvait pas les
mathématiques très différentes d'un jeu stupide et
il était malheureux de ne voir des fenêtres de l'école
qu'un morceau d'arbre et presque pas de ciel.

Les dimanches, soigneusement lavé et frotté, on
l'envoyait à l'école du dimanche, à Sainte-Anne. Il
l'aimait, car c'était intéressant d'entendre parler d'un
autre charpentier qui, très jeune, avait fait tant de
bruit dans le monde, il y avait bien longtemps, pas si
longtemps tout de même, puisque sa mère avait conservé ses paroles et l'histoire de sa vie dans un grand
livre noir, fermé avec des agrafes. Le nom du lac de
Galilée lui rappelait que la marée à Cold Spring
Harbour serait basse à cette heure-ci. Il imaginait les

mouettes inspectant les bancs de sable sombre, les
hommes au loin dans leurs petites barques, qui pê-
chaient à la ligne, le vent salé dans leurs cheveux.
Il se contenait tout juste de bouger et songeait d'avance
joyeusement à la visite qu'il devait faire cette semaine
à son grand-père, le bon vivant commandant et à sa
grand'mère Van Velsor dans leur vaste maison de
Cold Spring, ouverte à tous les vents.

Là-bas, il s'amusait prodigieusement. Avec un ami
hâlé et déguenillé du village de Huntington, il explo-
rait les sables à la recherche des œufs que les
mouettes laissaient sans souci, tout à fait à découvert,
à la garde du soleil. Ces œufs, moitié plus gros que des
œufs de poule, d'une blancheur et d'une rondeur
agréables, Walt et son compagnon les capturaient
militairement. Les mouettes semblaient aussi insen-
sibles qu'elles étaient insouciantes. Elles planaient
en de magnifiques zigzags et poussaient des cris aigus
et perçants pour réclamer leurs œufs, puis oubliaient
bientôt toute l'affaire.

Certains jours, les deux garçons cherchaient des
coquillages *clam*, les cuisaient et les mangeaient ;
ils faisaient du feu avec du bois, blanchi à force d'avoir
flotté, qui brûlait vert et jaune-pâle au soleil, y
jetaient les coquillages et les retiraient quand leurs
valves de porcelaine s'ouvraient. Ils s'en régalaient
avec voracité, et en avalaient des douzaines.

Le commandant lui-même et sa femme, petite
vieille, douce, simple et proprette, organisaient de
plus grandes expéditions, accompagnés de jeunes gens
à favoris et de jeunes filles solides et joyeuses. L'on
procédait à grande échelle à la cuisson des coquillages,
avec du cidre, des chants et des plaisanteries. Mais

Walt préférait se trouver seul, ou en compagnie de son ami pour ses aventures à Long-Island.

Les jeunes gens à favoris s'intéressaient à fort peu de choses, et quoique les jeunes filles lui fussent plus sympathiques parce que, par instants, elles lui rappelaient sa mère, elles ne s'occupaient pas assez de lui ; elles passaient leur temps à lorgner les garçons avec une coquetterie ouverte qui l'ennuyait. Elles ne montraient non plus aucun enthousiasme à trouver des œufs de mouettes et n'appréciaient pas l'inexorabilité superbe de la marée montante. Et Walt ne les trouvait pas jolies.

Quand l'hiver avait jeté son manteau blanc et gris sur Brooklyn, les rues inégales, non pavées et pas éclairées devenaient plus dangereuses la nuit. La maison Whitman, située maintenant dans Henry Street, représentait un endroit confortable de chaleur et d'intimité dont le centre était sa mère. Mais Walt accomplissait encore ses joyeux pèlerinages à Cold Spring et West Hills. Dans la baie du Sud, protégée par les brisants, l'eau, relativement peu profonde, était recouverte d'une couche de glace, noire et dure comme l'obsidienne, que Walt et ses amis pouvaient tailler à la hache. Tandis que la mer remplissait en cercles lisses et égaux le trou ainsi creusé, l'un d'eux y lançait d'un geste prompt un harpon et poussait un cri de joie quand il le retirait avec une grosse anguille, tordue comme un ruban noir autour de la dent de fourche. Quelquefois, le harpon disparaissait au milieu des éclaboussures et reparaissait sans rien ; des glaçons commençaient à s'y attacher. C'était une déception. Par un gris après-midi ils trouvèrent toute une colonie d'anguilles, grasses, à la chair blanche, que le commandant regarda d'un œil plein d'une convoitise attendrie quand elles apparurent sur sa table.

Les deux gamins marchaient à travers les pâtures dénudées de Montauk et écoutaient avidement les bergers leur raconter l'histoire du trésor de Kidd et celle du Hollandais Volant, qu'on peut apercevoir l'hiver, les nuits de tempête. Ces bergers étaient une curieuse sorte d'hommes ; noircis au soleil et au vent, déguenillés, barbus, sans respect pour rien sur terre, sous terre ou au-dessus, excepté pour le général Washington et John Paul Jones. Ils n'allaient que rarement au village le plus proche. Ils avaient pour seule compagnie la splendeur éternelle de l'océan Atlantique et du ciel atlantique, leurs troupeaux de moutons ou de vaches, leurs bandes de chevaux et leurs chiens voleurs et sauvages. Ils prenaient soin du bétail appartenant à des gentilshommes-fermiers habitant la ville, qui savaient qu'on pouvait compter sur eux malgré leur apparence barbare. Les bergers regardaient Walt comme une âme parente qui ne pouvait supporter d'être enfermée dans une ville ou un village, aussi se confiaient-ils à lui. A onze et douze ans, il parlait maintenant à ces hommes comme à des égaux et il les écoutait aussi gravement qu'ils l'écoutaient, croyant puérilement à toutes leurs affirmations.

C'était la mer surtout qui le tenait sous son charme magique. Elle l'obsédait partout, à Brooklyn, à l'école, à la maison. Elle l'entourait de chants, de malédictions, de supplications, d'amour. Elle remplissait sa mémoire de ses humeurs et de ses perfidies. Il en vint à l'imaginer comme quelqu'un de ses proches, vers qui il pouvait trouver, comme il trouvait chez Louisa, consolation, éloge ou repos.

Il avait douze ans et avait dit adieu pour toujours à la discipline poussiéreuse de l'école quand il obtint son premier emploi : garçon de bureau chez un avocat de Fulton street. Son patron, un joyeux garçon, connaisseur en belles lettres et en porto, se prit aussitôt d'amitié pour Walt, pour sa jeune force saine et ses yeux candides. Il l'installa à une table et ce qui était plus important, il lui fit cadeau d'un abonnement à un cabinet de lecture. Walt s'y précipita comme un jeune poulain, poussé par la faim et la soif, se précipite dans un corrall de trèfle nouveau. Il trouva les *Mille et Une Nuits* sur le premier rayon qu'il rencontra et les examina avec précaution. Il prit un volume et le feuilleta ; il regarda autour de lui. Personne ne semblait l'espionner, vite il l'emporta à la maison et le lut. Il les lut tous et devint ivre de romanesque ; avant de s'endormir le soir, Shehérazade apparaissait en son esprit comme une vision d'ivoire et Jaaffar le Barmécide, Haroun le Juste, Sindbad, le Roi des Iles d'Ébène, formaient comme une frise de couleur et de passion le long de laquelle il se promenait ravi, au gré de son imagination.

Au bout de quelque temps il quitta son patron et trouva un emploi chez un médecin. Ensuite, il fut garçon de courses. Ces occupations l'intéressaient peu. Il faisait ce qu'on lui avait dit, s'il s'en souvenait. Etre garçon de courses n'était pas désagréable, puisque cela donnait pas mal de temps pour rêver et même pour lire entre les courses ou pendant ; et alors il lui arriva des ennuis, car souvent il revenait avec le paquet encore dans son panier. Ses divers patrons accueillaient Walt avec bienveillance, mais ils s'étonnaient de découvrir bientôt en lui un flâneur incorrigible, quoique extrêmement sympathique. On avait plaisir simplement à le regarder.

Walt continuait à grandir avec cette vigueur qui lui était particulière. Très fort pour son âge, ses muscles de jeune garçon étaient souples et sa peau éclatante de parfaite santé. Ses cheveux étaient d'un noir brillant comme ceux de sa mère. Dans le brun rouge clair de son visage ses yeux gris avaient une expression naïvement interrogatrice et leurs lumières changeantes attiraient l'attention et provoquaient bienveillance et gaîté ; on avait envie de lui taper gentiment sur la poitrine et les épaules pour le plaisir de sentir sa solide résistance.

Sa mère en était venue à le regarder comme l'enfant que, jeune épousée, elle avait désiré mettre au monde et élever pour en faire son soutien et son réconfort, mais elle ne le comprenait pas complètement ; il portait en lui un air de prescience innée qui lui faisait un peu peur.

Il lisait des choses qu'elle trouvait inutiles et fantastiques, mais qui lui donnaient une attitude sérieuse, incroyable pour son âge. Walt regardait les colères soudaines et violentes de son père avec une indifférence impersonnelle ; cela dérangeait l'idée que sa mère se faisait de la hiérarchie : un enfant doit être effrayé et puni par la colère du père ou s'en moquer sans respect, mais non l'accepter tranquillement, comme Walt, avec un air de douceur impénétrable. Cette attitude faisait paraître puériles et sans dignité les éclats de Walter. Louisa n'en changea en rien ses idées ; peut-être y avait-il quelque méchanceté cachée en Walt. Qui sait si son habitude insouciante de lire en travaillant, lire en mangeant, lire en faisant n'importe quoi (sauf en dormant, bien entendu) n'en était pas la raison ?

Quand, après avoir abandonné la carrière de garçon de courses, il devint apprenti compositeur au *Long Island Patriot*, Louisa fut contente de penser qu'il pourrait maintenant combiner dans cette occupation travail et plaisir. Dans une certaine mesure, ses espoirs se réalisèrent. Walt avait enfin trouvé un travail qu'il aimait. L'imprimerie l'enchantait ; tout en continuant de galoper à travers la littérature, il s'appliquait avec le désir de réussir, à la tâche plaisante d'apprendre à la fabriquer.

M. S. C. Clemens, propriétaire du *Patriot*, s'intéressa à Walt, voulut éveiller son prosélytisme et veilla même à ce qu'il allât à l'église. On ne réussit, lui disait-il, qu'à force de peine, de concentration, de frugalité, de moralité et de peine encore. Walt était de son avis ; néanmoins, M. Clemens était chagriné de s'apercevoir que Walt consacrait bien deux tiers de ses heures de travail à lire les *Waverley Novels* et à bavarder avec un vieil imprimeur qui avait vu le général Washington et qui savait beaucoup d'anecdotes sur les guerres contre les Anglais et les Indiens.

Walt quitta sa place. Comme il possédait maintenant un métier défini, il put l'utiliser au *Long Island Star* et y finit son apprentissage, sans rien changer d'ailleurs à ses habitudes de lecture et d'agréables songeries, avec, par-ci par-là, un bon coup de collier. A sa grande joie, il avait trouvé qu'il pouvait s'exprimer non seulement en prose, mais en vers, et il se servit de ce talent et de son métier pour composer les récits du vieux soldat radoteur du *Patriot*. Il les transforma d'anecdotes amusantes en fables tragiques, avec une morale. Il soignait et chérissait ces petits ouvrages sentimentaux et quand ils paraissaient dans les colonnes du *Star*, comme il leur arriva une ou deux fois, il les regardait avec admiration et respect. Il se rendait obscurément compte qu'ils n'avaient pas l'air de pure race. Ils montraient tous plus ou moins une origine hybride. Ils rappelaient tantôt un Beckford bien pâli, tantôt un Walter Scott larmoyant sous un saule pleureur. Mais quand il les lut imprimés, il les trouva magnifiques. Louisa était du même avis, mais une profonde et infaillible qualité qu'elle possédait sans en avoir conscience, l'obligeait à apporter quelque restriction dans sa louange, quand Walt les lui lisait. Louisa était une cuisinière habile et expérimentée, son pain et ses biscuits étaient des chefs-d'œuvre levés à la perfection. Elle sentait une certaine lourdeur dans l'œuvre de Walt, et, dans l'éclair d'une imagination ménagère les œuvres littéraires de son fils lui semblaient pareilles à des galettes pas cuites. Mais elle n'en disait rien. Elle épargnait ses critiques, non parce qu'il lui déplaisait de froisser les sentiments de son fils, car Walt recevait les injures et les compliments avec la même indifférence, mais parce que, dans sa sage humilité, elle trouvait que la littérature lui était étrangère, cuite ou pas cuite.

M. Alden Spooner, le propriétaire du *Long Island Star*, comme M. Clemens du *Patriot*, aimait le travail, et naturellement, il entendait trouver le même goût chez ses employés. Il lui parut que Walt, comme compositeur, composait bien moins le journal que pour le journal ; il surveilla Walt un peu mieux et fut choqué de voir qu'il ne savait pas travailler d'une façon suivie et productive. Une bonne correction administrée à la manière d'un maître d'école, sans méchanceté, aurait été excellente pour le jeune homme. Peut-être empêcherait-elle ce jeune Whitman de mal tourner dans la vie. Bonne idée, mais il y avait une difficulté insurmontable. Walt, à seize ans, avait atteint une stature et une ampleur énormes. M. Spooner lui-même était tout petit. Walter Whitman avait en son second fils un géant plus grand que lui. Quel serait le colosse qui pourrait exécuter le projet de réforme de M. Spooner ? Tout songeur, M. Spooner dut abandonner son idée. Il finit par penser que la paresse de Walt était quelque chose comme les éléments. Autant commander au vent de cesser ses hurlements impétueux ou aux arbres de ne plus fleurir que d'ordonner à Walt d'abandonner ses flâneries délibérées et paresseuses, ou ses heures de rêverie et de lecture. M. Spooner avait raison. Aucune discipline ne pouvait forcer Walt à travailler quand il en avait ainsi décidé. Il prit congé fort poliment de M. Spooner et du *Long Island Star* et chercha une occupation à New-York.

New-York faisait paraître Brooklyn petit, avec son champ immense d'expériences, ses possibilités innombrables, comme, auparavant, Brooklyn avait rapetissé West Hills. C'était aussi, dans la même proportion, bien plus difficile d'y travailler. Employé dans une imprimerie et forcé d'y être à une heure définie, Walt, assis sur son tabouret, pensait tristement à se faire cocher d'omnibus pour gagner sa vie. Après tout, c'était une vie plus large et on était dehors dans la foule. Composer commença de l'ennuyer d'une façon intolérable. Il brûlait de s'instruire et dans la longue pièce nue aux vitres poussiéreuses où luisaient les casses remplies de caractères, il n'y avait rien qu'il ne connût déjà. Après la journée de travail, il se précipitait dans les rues, torrent de montagne hors d'une digue, puis il se promenait le long de Broadway, emplissant ses poumons et ses yeux, allègre comme une voile quand souffle le vent. Un jour, devant le haut perron de la solide maison d'un bourgeois, il vit un vieux monsieur emmailloté de fourrures qu'on aidait à monter dans un traîneau peint et sonnaillant comme un jouet de prix. La curiosité de Walt fut tout de suite éveillée ; on enveloppa soigneusement le vieux monsieur dans ses couvertures, on lui enfila ses mitaines et le signal du départ fut donné. Le groupe des serviteurs resta en arrière, le vieux monsieur fit un signe d'adieu et l'équipage disparut au milieu d'un tourbillon de neige et dans une sonnaille de clochettes.

Cette cérémonie et cette attention intriguèrent Walt. Qui était ce petit vieillard qui avait l'air sous ses manteaux d'un paquet fourré ? Il se tourna vers un autre spectateur qui avait suivi le départ du traîneau, les yeux ronds et hors de la tête d'admiration et lui demanda des renseignements.

— C'est, répondit l'admirateur enroué d'émotion, c'est M. John Jacob Astor qui vaut trente millions de dollars d'argent, un brave Hollandais d'ailleurs.

Il tourna ses yeux encore hors de la tête vers Walt.

— Trente millions de dollars d'argent, sonnants et trébuchants ! Sacrebleu !

Et il s'en alla le long de Broadway, agitant les bras dans l'excitation que cette phrase semblait lui procurer.

Walt continua son chemin. Le nombre étonnant des

beaux dollars d'argent sonnants et trébuchants le laissait froid ; une telle fortune lui semblait pire que la nécessité de travailler tout le jour et tous les jours mais les choses que cette richesse pouvait acheter l'enchantaient, les fourrures, le traîneau, les chevaux aux jambes pures, à la croupe d'acier. Joli, très joli, mais, après tout, pas nécessaire. Il passa d'un état de légèreté extrême à des abîmes de dépression.

La neige et l'air pur et cristallin lui rappelèrent qu'à West Hills il n'y avait pas de rues bordées de maisons pour gâter la plaine blanche et uniforme. Il était fatigué de New-York. Se dressant sur la pointe des pieds, il aspira dans sa vaste poitrine le petit vent aigre qui semblait venir, familier et tentant, de Long-Island.

CHAPITRE IV

— Walt Whitman, soyez donc convenable, mettez votre veste comme quelqu'un qui se respecte, si vous voulez manger à ma table.

La voix était aiguë et plus plaintive que coléreuse. Walt grogna intérieurement, mais fit semblant de ne pas entendre et continua de regarder par la fenêtre. Ces procédés le faisaient souffrir.

Walt logeait chez J. J. Brenton, pour qui il travaillait une partie du temps au *Long Island Democrat*. Mme Brenton le persécutait sans relâche ; il ne pouvait jamais lui échapper.

Elle entra dans la salle à manger avec l'intention, il en était sûr, d'aller vers le buffet, pour chasser Walt de sa place favorite. Il baissa la tête et contempla fixement ses pieds. Il l'entendit s'arrêter.

— Eh bien, grand paresseux ?

Elle marcha vers le buffet.

— Combien de fois faut-il vous demander d'enlever vos pieds pour me laisser passer ?

Il retira ses pieds.

— Pourquoi Jim vous garde-t-il, c'est ce que je me demande souvent, lui qui travaille si dur ?

Grognant, exaspéré, Walt se leva et sortit, énorme
et lourd. Cette femme compliquait sa vie, malgré tout
ce qu'il pouvait faire.

Il commençait à regretter d'être venu au village de
Jamaïca. Trois ans s'étaient passés de façon variée
et agréable depuis qu'il avait tranquillement quitté
son tabouret et sa casse de compositeur à l'imprimerie
de New-York pour la chaire d'une petite école de
Babylon. Il avait dix-sept ans mais il jouissait d'une
plaisante autorité. Enfant lui-même, il aimait beaucoup les enfants. Les heures n'étaient pas définies,
il les arrangeait à sa guise. Il enseigna un certain
temps à Flushing, puis à Woodbury et à Whitestone.
Dans chaque village il obtenait vite affection et respect, mais on ne le comprenait jamais très bien.
On le regrettait toujours quand il disparaissait soudain
à la recherche d'un autre paysage de champs et de
vergers.

Sa méthode d'enseignement était originale comme
son caractère, si fortement tranché maintenant, qu'au
milieu de ses camarades il étonnait comme un arbre
automnal, flamboyant et rouge dans une forêt encore
toute verte.

Il possédait une autorité absolue, mais il demeurait
parfaitement naturel. Pour illustrer de simples problèmes, il racontait une histoire et ses élèves absor-
baient le tout avec joie, sans même s'en apercevoir.
Walt était un grand homme aux yeux des plus jeunes
enfants, quelqu'un comme le président Jackson,
presque comme Washington. Il était bien plus fort
que les plus grands garçons, quelques-uns de son âge,
et il était intelligent comme personne.

Il renvoyait la classe restant assis, avec dignité ;

mais aussitôt que les pieds des derniers traînards
avaient passé la porte, il se précipitait de la chaire
à la cour de récréation, avec une telle vitesse que
comme Sleipner, le coursier d'Odin, le mouvement de
ses grandes jambes semblait brouillé et multiple. Là,
il s'amusait à « pan-pan sauve-toi » et à un jeu pas-
sionnant qui se jouait avec une balle. Il attrapait la
balle et essayait de viser un de ses compagnons en
fuite. Celui qui était touché devait appuyer sa tête
contre la haie, et, se penchant, exposer son derrière
au tir enthousiaste des autres. Comme Walt était
l'objet le plus facile à viser du voisinage, sauf les murs
de l'école, sa tête était souvent contre la haie. Mais une
fois rentré dans la salle de classe, il était le maître,
et les élèves, dès le seuil, arrêtaient net leurs rires
et leur tumulte.

Un jour un petit garçon, muet d'excitation, arriva
à l'école, tenant dans ses bras une marmotte qu'il avait
attrapée quand elle rêvait sur un mur de pierre. Walt,
aussi passionné que le petit garçon, plaça tendrement
la marmotte sur un lit d'herbe dans la caisse de bois
qui servait de corbeille à papier. La marmotte, un
peu étonnée ou ignorant le chemin pour rentrer chez
elle, resta stoïque et calme, observant tantôt Walt,
tantôt la classe, d'un œil vif. Après la leçon, Walt la
rapporta chez elle, guidé par le petit garçon, qui aurait
cependant voulu garder quelque droit de propriété.

— Impossible, lui répondit Walt, ce n'est pas
l'opinion de la marmotte.

Les filles dans la classe de Walt rivalisaient ouver-
tement avec les garçons pour obtenir ses bonnes grâces,
mais elles s'étonnèrent de voir que les bonnes grâces,
s'il y en avait, ne leur étaient guère prodiguées.

Alors, elles devinrent toutes amoureuses de lui pendant huit jours et le détestèrent pendant quinze, parce qu'il ne remarquait pas leur jolie dévotion. Elles décidèrent, dans une réunion indignée, de le traiter avec une froideur distante et mirent leur projet à exécution. Walt n'eut pas l'air de remarquer le changement de leur conduite et elles furent ainsi forcées de le considérer comme un être grand et beau du genre neutre, sans aucune étoffe sentimentale.

Les jours de congé, Walt se promenait du nord au sud et de l'ouest à l'est sur toute l'étendue de Long-Island. Il parlait aux pêcheurs et aux fermiers, et à Montauk avec ses vieux amis les bergers. Il leur racontait des merveilles qu'ils n'avaient vues et qu'ils ne souhaitaient jamais voir. Ils l'écoutaient dans un silence affectueux et de temps à autre, l'un d'eux jetait une remarque rapide qui déclenchait un éclat de rire aigu et bref. Ses auditeurs le laissaient continuer tout en le regardant avec des yeux aussi vifs et aussi sauvages que ceux de leurs chiens. Ils admiraient son paletot de maître d'école, propre, noir, cérémonieux. Ils en ôtaient les bouts de filasse ou les feuilles avec des soins infinis. Walt avait toujours regret de les quitter.

West Hills n'avait rien perdu de son attraction pour Walt. Maintenant Walter Whitman et Louisa et les plus jeunes enfants étaient retournés à la vieille ferme. On avait quitté Brooklyn où Walter n'avait pas eu de chance et où la santé de Louisa avait dangereusement souffert sous le fardeau de grossesses constantes joint aux soucis domestiques. Louisa, en son cœur, remerciait Dieu d'avoir été malade. Malhabile, son mari avait hypothéqué et perdu inévitablement à peu près toutes les maisons qu'il avait bâties. Louisa attribuait ces malheurs, non pas tant à son étrange sens des affaires, qu'à la perversité des citadins qui l'avaient trompé et volé. Sa confiance en Walter ne diminua jamais, quoique ce fût elle qui avait toujours la peine d'emballer et de déballer, de faire le ménage et la cuisine et de mettre au monde plus de petits Whitman qu'il n'aurait dû en naître. En effet, Edward, le dernier-né, naquit infirme mentalement et physiquement.

De retour à la ferme de West Hills, elle espérait fermement qu'une vie neuve recommencerait pour tous ; elle espérait au fond de son cœur que Walt abandonnerait sa décevante existence de nomade et qu'il reviendrait au foyer paternel ; mais son étrange fils n'en faisait rien. Il venait la voir souvent et s'asseyait près d'elle ; il lui tenait la main, une main qui n'était plus potelée mais était devenue légèrement tremblante. Il lui disait qu'il écrivait de plus en plus ; il lui disait aussi, pour la rassurer, que là où il avait pris pension, la nourriture était abondante et l'atmosphère pieuse — il s'en souciait certes peu de cette atmosphère pieuse ; en fait, tout à fait irréligieux, il n'allait jamais à l'église, — mais il respectait la foi profonde, entière, absolue, de Louisa.

Sa visite ne durait pas longtemps : il embrassait sa mère, criait un joyeux au revoir à son père et s'en allait en se balançant, sur la route blanche. Comme il est beau, pensait Louisa, mais comme il est lointain, insaisissable ; tout comme Tabitha, la chatte, qui accepte caresses et attentions, mais qu'on n'arrive pas à garder près de soi.

Walt, de retour à la maison de Flushing où il avait

pris pension, pensait affectueusement à sa mère mais un peu comme il pensait à l'océan. Pendant le dîner, il continuait ses réflexions dans une sorte de rêverie extatique, et les quatre jolies filles de sa propriétaire essayaient en vain de le faire entrer dans la conversation.

Ces quatre jeunes filles étaient sûres qu'une d'entre elles deviendrait Madame Walt Whitman, mais laquelle ? Une chose les tracassait, c'est qu'il n'allait jamais à l'église, une autre, qu'il avait la réputation d'écrire des vers, car c'était signe d'une bizarrerie plutôt dangereuse. Mais elles ne s'alarmaient pas de ce qu'il n'avait jamais l'air de les remarquer, bien qu'il les regardât en face, de ses yeux gris. En temps voulu, elles sauraient bien remédier à ce manque d'attention — l'une d'entre elles à tout le moins ! Elles étaient toutes fières quand les voisins parlaient de la bonne mine de leur M. Whitman. Elles affirmaient qu'il devait ce teint chaud si admiré, de bronze rouge, à la bonne nourriture et au bon lit de sa pension.

Elles attendaient sa décision avec confiance. Or, un jour, il paya son dû, dit au revoir à sa propriétaire ébaubie et partit, sans raison, simplement parce qu'il avait envie d'aller enseigner de nouveau à Babylon, près du rivage de la grande baie du Sud, où il avait autrefois attrapé anguilles et homards.

Les jeunes filles furent folles de fureur. Elles se sentirent atteintes dans leur amour-propre, et déçues dans leurs plus tendres émotions. Pendant un mois elles ne prononcèrent pas son nom, puis l'une d'elles fit remarquer à ses sœurs qu'il eût été un mari terrible, avec sa poésie et sa badauderie sans fin. Elles tombèrent toutes d'accord, et se rappelèrent d'autres grands défauts. Enfin, elles se félicitèrent mutuellement d'avoir échappé à ses trop pressantes attentions. Mais comme leur caractère était plutôt bienveillant, après que le premier choc de surprise douloureuse se fut effacé, elles oublièrent tout, tout sauf l'éclat de ses cheveux, noirs comme la poix, la beauté de son teint, et sa politesse, qui était parfaite et parfaitement impersonnelle.

Walt fut toujours aussi ignorant de leurs opinions qu'il l'avait été de leurs projets à son égard. Il retourna à Babylon et y mit en pratique ses idées originales sur l'enseignement. Le reste du temps, il était à New-York, au vieux Théâtre du Parc ; de sa place de parterre il écoutait les suaves rodomontades d'Henry Placide dans *la vieille garde de Napoléon*. Cet acteur le touchait profondément. Walt s'enthousiasma tout à coup pour le drame, il allait au théâtre aussi souvent que possible et revenait à Long-Island riche de nouvelles intonations, qu'il s'écoutait dire avec plaisir, et de gestes dont il admirait, autant que ses élèves, le mouvement gracieux et mesuré.

Il prit part à des tournois d'éloquence et parla devant des sociétés variées à Brooklyn et dans le voisinage, sur des sujets immenses et sublimes, une jambe en avant, une main derrière lui, tandis que l'autre indiquait l'argument, le reprenait, ou démolissait l'opposition avec une autorité et une puissance à peine moins grande que celles de M. Webster, le fameux orateur.

Il continuait d'écrire ; des élucubrations courtes et lourdes paraissaient de temps en temps dans ces journaux de Long-Island où il avait travaillé autrefois comme ouvrier compositeur. Ses galettes littéraires étaient encore indigestes, mais les estomacs de cette époque étaient solides. Walt commença d'acquérir une certaine renommée dans la région. Cela lui faisait plaisir.

Un après-midi qu'il était assis auprès de sa mère, il réfléchit à tout cela. Pourquoi, après tout, ne publierait-il pas son propre journal ? Fameuse idée ! Il était excellent compositeur, honnête imprimeur, bon écrivain. Il saurait veiller, il en était sûr, à la rédaction, l'édition, la distribution. Cette nouvelle idée chassa tous les projets d'enseignement. Un matin, de bonne heure, il se rendit à Huntington, pour demander aide et conseil aux habitants de ce village, dont les pères, les grands-pères et arrière-grands-pères avaient tous connu des Whitman de West Hills et les considéraient comme des gens sérieux, en qui on pouvait avoir confiance, et sur qui on pouvait compter. On lui fournit les fonds nécessaires à son projet avec un enthousiasme amical, mais sans exubérance. Walt partit aussitôt pour New-York où il acheta avec son argent et l'argent prêté une presse et les caractères nécessaires. Quand il revint à Huntington, il avait donc le journal complet, en puissance. Il l'appela le *Long Islander* et devait le faire paraître une fois par semaine. Direction, administration et fabrication occupaient Walt, qui avait à trouver des nouvelles de presse ou de la copie pour en tenir lieu. Dans ses petits essais sur la vie et ses problèmes, dans ses vers, prétentieux ou patriotiques, ou lugubres, ou enfantins, il mit une énergie et un enthousiasme extraordinaires.

Il acheta un buggy et un vieux cheval de qualités méditatives mais encore dur à la besogne, et on pouvait les voir tous les deux, attelage et cocher, sur presque toutes les routes de Long-Island, allant distribuer le *Long Islander*. Chaque semaine, quand les numéros arrivaient de l'imprimerie, humides et sentant bon l'encre, il se jetait sur le premier exemplaire pour voir, noirs et imposants sur le papier, les mots qui, il n'y a pas longtemps, étaient seulement à demi exprimés et encore indistincts dans son esprit. Puis il les empilait dans la carriole, d'abord avec respect, ensuite avec moins de soin. Il prenait un jour et une nuit pour les distribuer.

Le long du trajet, les roues de sa carriole roulaient tantôt avec fracas sur les rochers, tantôt étouffées dans une épaisse poussière. Walt adressait la parole aux travailleurs dans les champs et aux fermiers sur la route, reconduisait chez lui un enfant qui rentrait de l'école et claironnait son sonore bonjour aux ménagères qui se tenaient sur le pas de leur porte, leurs bébés sur les bras et qui lui faisaient signe de la main quand il passait. Ses expéditions hebdomadaires furent vite connues dans la campagne, et les fermiers isolés l'attendaient avec plaisir. Ils l'obligeaient de descendre de voiture et de manger un morceau ; pendant ce temps, le père parlait de ses récoltes comme on parle d'enfants récalcitrants. Il demandait des nouvelles d'Elijah Stevens qui est au loin vers Smithstown, ou de Bred Ballou de Comac. Il montrait son dernier-né à Walt et pressait sa femme de chercher le pain frais ou le bout de gâteau, resté du dimanche. Quand il partait, ils lui faisaient des signes jusqu'à ce qu'il eût disparu dans les brumes sur gueules du soleil couché au loin. Les enfants sur les épaules du père agitaient leur main, sûrs que le dernier point blanc sur la route était une réponse à leur salut particulier.

Il y avait de longues soirées où le vent salé l'attirait
à la plage, lui et quelques amis. Après le bain il mangeait des coquillages et buvait du cidre, et, couché
sur le dos, il se rendait compte du sentiment de son
absolue insignifiance qui passait sur lui comme une
vague, tandis qu'il observait les constellations estivales communier silencieusement entre elles avec de
petits scintillements.

Certains jours, Walt trouvait que le *Long Islander*
avait mérité du repos ; le bureau principal et unique
du journal était envahi par ses amis et on jouait à
un jeu qui consistait à lancer un anneau suspendu
au plafond à un crochet du mur. Une tarte était
la récompense du gagnant, ou bien Walt lisait ses
poèmes et quelquefois les poèmes d'autres auteurs.

Ce travail de publication fut pour Walt l'expérience
la plus heureuse de sa vie. Il trouvait l'existence à
Huntington tout à fait agréable ; les jeunes hommes
y étaient sympathiques et, à la surprise de ses amis,
il commença de prêter quelque attention aux jeunes
filles. Il les emmenait dans son buggy pour des promenades, ou des déjeuners dans les prés, ou aux danses
qui se donnaient dans les granges après la moisson.
Elles cherchèrent vainement à l'intéresser à leurs petites histoires féminines. Mais l'avoir comme cavalier
servant n'était pourtant pas peu enviable.

Louisa était très heureuse parce qu'elle sentait
qu'il était enfin arrivé au port et que ce port était tout
voisin du sien. Elle pouvait imaginer que la vie de
Walt organisée d'une façon permanente et agréable,
ils recommenceraient à se sentir très proches comme

autrefois. Ses jours seraient heureux. Mais Louisa ne connaissait pas encore Walt à fond.

Il y avait un peu plus d'un an qu'il s'occupait de son journal, qui était en plein développement quand un jour il vint à West Hills et parut un instant dans l'encadrement de la porte. Il annonça comme par hasard qu'il avait vendu son buggy. Louisa sentit son cœur s'arrêter ; ses rêves s'envolèrent et se dissipèrent comme de la fumée un jour de vent.

Il disparut.

Ce n'était que trop vrai. Walt, que son hebdomadaire ennuyait un peu, l'avait laissé dormir trois semaines sans le publier. La seule activité du bureau éditorial avait été le jeu de l'anneau, accompagné obligatoirement de tarte accommodée à sa poésie.

Ses commanditaires, hommes tolérants, plus que tolérants même avec un Withman de West Hills avaient fini néanmoins par perdre cette longue patience, mise trop durement à l'épreuve. On continuerait le *Long Islander*, mais on changerait de méthode de rédaction et d'administration. Walt n'en fut pas ému et même il en fut content. Il partit à nouveau, emportant même les regrets de ses anciens commanditaires.

À Jamaïca, il trouva une position de professeur dans une école privée, ainsi qu'un emploi pour la demi-journée chez M. James J. Brenton, rédacteur et éditeur du *Long Island Democrat*. M. Brenton demanda l'adresse de son nouveau rédacteur. Celui-ci n'avait pas encore arrêté son domicile. Pourquoi ne pas prendre pension chez lui, demanda-t-il ?

Installé chez les Brenton, Walt fut vite très inquiet. Il vit presque aussitôt que Mme Brenton était méchante et agitée.

Il n'y avait pas trois jours qu'il demeurait chez elle qu'elle le prit à part et lui dit d'un ton sévère et protecteur :

— Avec votre santé, ne pas peiner dur au travail, c'est tromper le Tout-Puissant dans Son dessein.

Walt fit un violent écart comme l'aurait fait un grand étalon rouge à qui, d'une main rude, on aurait tiré sur une bouche étrangère au mors. Ce mot familier, le travail, devenait intolérable à ses oreilles. Bien mieux, les deux jeunes Brenton lui inspiraient un sentiment qu'il avait jusque-là ignoré, la haine. Il les détestait. Était-il plongé dans un travail littéraire, ils venaient crier « Waaalt » sous sa fenêtre jusqu'à ce que sa sérénité à triple épreuve fut brisée en mille morceaux. Cherchait-il à sucrer son café, il trouvait du sable blanc dans le sucrier.

Walt avait seulement la satisfaction de savoir pourquoi ces gamins étaient si détestables. C'était la faute de leur hérédité maternelle.

Mme Brenton ne pouvait supporter l'habitude un peu sans-gêne de Walt de dîner en manches de chemise. Elle menait tapage à ce sujet trois fois par jour avec une énergie si aiguë et si déterminée qu'elle était déçue s'il apparaissait en veste avant qu'elle pût écouler ses remarques.

... Il l'entendit appeler les enfants à table et eut un haut-le-cœur, mais il mit sa veste d'un air sombre et vint à table.

CHAPITRE V

Les pommiers en fleurs dans le jardin des Brenton étaient tout parfum et tout murmure. Walt souhaita ne jamais remettre les pieds dans des régions où une routine de travail exigerait son attention. Il prit son petit déjeuner sous le matinal déplaisir de Mme Brenton et quitta la maison. Il n'alla pas plus loin que le premier pommier. Il s'étendit sur le dos, le *Long Island Democrat* cessa pour lui d'exister. Bras sous la tête et pieds croisés, il se mit à étudier l'azur qui se montrait entre le réseau des branches feuillues.

Il était profondément malheureux, sans raison plausible. Au réveil, il avait été soudain frappé de la conviction que ce qu'il avait fait hier et les sept dernières années, ce qu'il devait faire aujourd'hui, et ce qu'il ferait demain, était futile, profondément inutile et ennuyeux. Peut-être devenait-il fou, peut-être, comme chez son plus jeune frère, la machine n'agissait-elle plus avec coordination, et allait-elle s'arrêter. La peur serra son cerveau comme un étau ; il fut sur le point de se lever, de fuir en courant, n'importe où, de laisser cette cruelle terreur accrochée aux pommiers, où elle pendrait comme une sinistre toile d'araignée, avec la mort dans ses rêts.

Il roula sur le ventre, il martela l'herbe chaude de ses poings lourds. Comme un naufragé se suspend à une bouée, il agrippa son esprit au solide souvenir de Louisa. Lentement la sérénité lui revint, mais son visage était mouillé de sueur quand il regarda à nouveau le ciel. Cette panique sans cause l'avait souvent saisi, ces derniers temps. Toutes les certitudes où il cherchait à s'accrocher s'écroulaient. Son travail, ses écrits et son enseignement ne marquaient ni progrès ni réussite, et il ne lui restait rien, que le sentiment de n'avoir ni but, ni caractère.

Quelquefois, il était plein de multiples ambitions : être journaliste, auteur, travailleur manuel, ouvrier agricole, acteur, musicien, politicien... en fin de compte, il ne savait ce qu'il voulait faire. Récemment, il avait marché pendant des lieues dans les champs encore riches de leurs récoltes et dans les plaines dénudées d'Hempstead, le long des sentiers tortueux et défoncés par les vaches ; ses pensées tournaient comme une meule à vide, et ses nerfs, d'habitude si endormis et si calmes, vibraient comme des cordes trop tendues.

Un après-midi, il avait vu un fermier, juché sur le haut de sa voiture à foin, glisser, perdre pied et tomber fourche en main. Walt se mit à fuir le plus vite possible, son imagination le faisait bondir en avant dans l'horreur du cri entendu, sans même chercher à voir si l'homme avait été vraiment blessé, ou s'était relevé sain et sauf. Il lui semblait que les fibres de son esprit et de son caractère se dissolvaient dans l'indécision, et ses heures d'introspection morbide lui montraient la faiblesse de ses talents et de ses ambitions. Dans l'ombre tachetée des pommiers, il passait en revue ses derniers efforts en prose et en poésie; il les jugeait d'une manière impersonnelle, et les trouvait mauvais. C'était des éclats de notes fausses sur des instruments bruyants, à la portée de n'importe quel imbécile d'écrivassier. Et pourtant, il lui semblait qu'il y avait des choses en lui qu'il devait exprimer, ou en éclater : choses sans forme, mais grandes et puissantes ; elles manquaient de symétrie et de beauté. Comme des monstres en cage, elles se débattaient autour de lui, en un incessant tourbillon d'émotion, et ne pouvaient trouver de débouché. Brenton, il devait le reconnaître, lui offrait l'occasion de trouver ce débouché. S'il décrivait un aigle dans une ode où les strophes montaient *crescendo*, c'était publié et admiré. S'il se précipitait dans la campagne électorale du Comité de Queens, éperonné qu'il était vers la politique par l'éloquence étonnante des discours de M. Webster (prononcés à Jamaïca en l'honneur du vieux Tippecanoe), le *Democrat* notait avec fierté que M. Whitman avait été choisi par Tammany comme l'un des orateurs qui s'adresserait à quelque dix mille personnes dans le parc de New-York, et soulignait ses attaches avec le journal de M. Brenton.

« Nous avons tenu plusieurs réunions pour le choix d'un candidat comme prochain président. Remettons ce choix à plus tard, chers concitoyens. Ayez, je vous prie, plus haute idée du but et de l'activité de notre parti. Nous ne cherchons pas à élever tel homme ou tel autre au pouvoir. Nous nous battons pour de grands principes, pour de puissantes et glorieuses Vérités. Je me mépriserais de faire le moindre effort même en faveur de notre candidat, le meilleur candidat démocrate qui fût jamais choisi, si c'était pour lui seul. C'est notre croyance, notre doctrine que nous cherchons à grandir et non un homme ou un groupe... En attendant, occupons-nous des mesures à prendre, de la politique à suivre, de notre idéal et laissons à de futures considérations le choix de l'homme qui réalisera nos projets.

« Ma ferme conviction est que le prochain candidat démocrate, quel qu'il soit, sera porté au pouvoir sur les ailes d'une puissante action. L'ange gardien, le bon génie qui a veillé sur nous depuis Jefferson, ne nous a pas abandonnés. Je peux presque m'imaginer pouvoir percer les ténèbres de l'avenir ; voyez, cet ange nous regarde avec les sourires de bénignité qu'il avait en 1828, 1832 et 1836. A nouveau il va planer au-dessus de nous, au milieu de la fumée et du fracas de la bataille, et nous conduire à notre habituelle victoire, grâce à la sagesse du peuple. »

« Nobles paroles, noblement exprimées », déclara l'envoyé de Van Buren, son chef. Walt trouvait que, même battu, le patron aurait bien pu le remercier en personne. Maintenant il se sentait trop déprimé pour goûter aucune joie à se rappeler ces paroles, et l'éloge qu'elles évoquaient.

Il en était venu à se considérer incapable d'inspirer de l'affection à personne, sauf à sa mère. A certains moments d'attendrissement sur lui-même il imaginait sa propre mort, ses derniers soupirs, avec une complaisance apitoyée. Il souhaitait tomber désespérément amoureux, pour satisfaire dans une complète liberté ces désirs soudains qui remuaient en lui, qui le troublaient, l'empêchaient de se fixer sur son travail et lui faisait honte. Il pataugeait dans les sables mouvants d'une adolescence anormalement prolongée. Son grand développement physique avait été achevé de bonne heure tandis que son intelligence souffrait encore d'un état chaotique.

En regardant le ciel à travers les fleurs de pommiers, il rêvait tout éveillé à la femme idéale, qu'il revêtait de toutes les nobles et belles qualités de l'esprit et du corps, jointes à une riche sensualité, — ce qui l'étonnait lui-même — puis il repoussait, en se méprisant, l'image qu'il avait évoquée. Il était extrêmement malheureux, mais sans la critique maussade de Mme Brenton, son désespoir aurait été bien plus profond.

Mme Brenton veillait à ce que ses sombres rêves ne restassent pas longtemps tranquilles. S'il rêvait dans la salle à manger, elle le poussait au jardin, le harcelant de plaintes agressives et méchantes comme des moustiques. Si elle le soupçonnait d'être étalé de tout son long sur l'herbe haute, plongé dans ses méditations, elle lui faisait comprendre, d'une voix perçante, qu'il ne valait pas mieux qu'un voleur, et qu'elle était assez bonne chrétienne pour ne pas souhaiter qu'il attrapât la mort d'un refroidissement.

Secouant la tête comme un taureau banderillé, Walt filait à son bureau du *Democrat* ; la tristesse de son âme se trouvait merveilleusement dissipée par cette diversion cuisante. Heureusement pour ses loisirs, sa place sous les pommiers était bien cachée par les herbes hautes, et la femme de son patron n'était pas arrivée à la découvrir, ce qui aggravait encore la mauvaise humeur de Mme Brenton.

Il jouissait, il s'abandonnait là à une complète

misère. Même la gloire du jeune matin ne pouvait trouver une fissure dans son humeur morose et amère. La matinée s'avançait, et il restait encore à la même place. Peu à peu, les nuages commençaient à se dissiper dans son esprit ; un vide se creusait dans son être physique. Avant midi il commença à supposer qu'on cuisait des tartes ; il souleva la tête et étudia d'un œil attentif la fenêtre de la cuisine. C'était exact. On les mettait à refroidir sur le rebord de la fenêtre une fois cuites. Avec tendresse, il regarda ces petits ronds d'or brun rangés côte à côte, et se remit sur le dos avec le chaud réconfort d'avoir quelque chose de défini à espérer.

Le soleil qui tombait maintenant tout droit à travers les pommiers en fleurs, commençait à s'infiltrer plaisamment dans son humeur, et chassant les ombres boueuses, lui montrait qu'il se tourmentait sans raison. Il se souvenait de son dernier article pour le *Democrat* : c'était après tout un morceau de prose bien tournée, de belles phrases éloquentes. M. Brenton l'avait loué chaudement. Brenton, pensait Walt, était un bon rédacteur en chef ; il regretterait son assistant quand celui-ci le quitterait pour chercher de plus vastes champs.

De plus vastes champs, c'était la solution. La récente expérience de Walt en politique lui avait donné le goût de s'exprimer directement, de parler droit aux gens, et d'éveiller leurs émotions. Il était temps qu'il eût l'occasion de parler davantage. A Long-Island, son public, quoique raisonnablement attentif et non dépourvu de jugement, manquait d'ampleur et ne pouvait augmenter sa réputation et son prestige. Il n'était plus un enfant, mais un homme, se disait-il, qui avait besoin d'un champ plus vaste pour son activité. Ses doutes de soi s'endormaient après quelques derniers soubresauts. Était-il capable de parler et d'écrire pour un grand public ? Le souvenir des tartes qui refroidissaient à point sur le bord de la fenêtre se glissa dans ses pensées. Le soleil avait maintenant purifié les replis jusque-là ténébreux de son être. Le doute le quitta. Il était jeune, — il n'avait que vingt-deux ans — il était aussi fort que deux hommes ordinaires, et il était intelligent, même brillant. Quant à la sirène-sensualité qu'il avait eu à combattre récemment, sans aucun doute une vie moins étroite la chasserait.

Il aimait Long-Island et il l'aimerait toujours, mais les foules, les visions et les odeurs de New-York l'attiraient soudain irrésistiblement. La pensée des hommes, des femmes, des enfants, des travailleurs, des messieurs, des acteurs, des écrivains, des artisans, le remplissait de joie débordante. Il irait se perdre au milieu d'eux sans attendre plus longtemps. Les jointures souples et les muscles obéissants et élastiques il se leva, baissant tête et épaules sous les pommiers, et se dirigea vers la maison. Il prendrait cependant son déjeuner de midi. Les fautes de Mme Brenton, pouvaient être nombreuses, mais elle avait appris, en Nouvelle-Angleterre, au temps de sa jeunesse, à cuire des tartes remarquables.

M. Brenton revint du bureau du *Long-Island Democrat* et dit à sa femme sur un ton d'accablement patient : « Je n'ai guère eu l'aide de Walt ce matin. Je me demande comment je peux faire comprendre à ce garçon qu'il doit travailler pour vivre. »

La réponse de Mme Brenton fut instantanée, comme

si elle la tenait prête et attendait la réplique. Mais les mots significatifs s'arrêtèrent dans sa gorge, elle avait aperçu Walt et ne put rassembler ses forces.

— Où étiez-vous ce matin, Walt ?

— Je n'avais pas bien envie de travailler, M. Brenton.
J'ai simplement paressé sous les pommiers.

Mme Brenton prit mentalement note de l'endroit.

— J'ai réfléchi ; je crois que j'aimerais travailler à New-York, et si ça n'est pas vous laisser court, je partirai et chercherai quelque chose cet après-midi ou demain.

Son patron l'examina :

— Pas content, Walt ? Ça m'est très désagréable de vous perdre. Vous êtes en train de vous créer une vraie réputation. Pour le *Democrat* aussi, ajouta-t-il généreusement.

Mme Brenton l'aurait pincé. Le regard serein des yeux gris de Walt convainquit Brenton qu'il ne s'agissait pas du mécontentement d'un employé, d'une réclamation mesquine. Il revint à la charge sans grand espoir :

— Et votre enseignement ?

Walt sourit.

— L'école peut trouver assez vite un autre instituteur.

Brenton se rendit.

— Très bien, Walt, faites ce que vous croyez être le mieux, mais comme je vous le disais, ça m'est très désagréable de vous perdre. Maintenant et le déjeuner, mère ?

Mère était rayonnante. Elle ne remarqua même pas que Walt était en bras de chemise, et quand les deux petits garçons le firent pour elle, elle leur dit de se tenir tranquilles. Walt restait indifférent à tout, sauf à la tarte, et au besoin grandissant de partir tout de suite pour être au cœur de la foule telle qu'il l'imaginait le long de Broadway. Il s'en alla au début de l'après-midi. Brenton et sa femme le regardèrent se balancer sur la route.

— Bon débarras, grand flâneur, dit la femme.

— Flâneur, oui, répondit son mari, flâneur, mais Seigneur, quel flâneur magnifique.

CHAPITRE VI

Le sous-rédacteur du *Daily Aurora* se leva de sa table de travail à dix heures et demie de la matinée, et d'un geste large et magnifique, alluma un cigare. C'était son dernier cigare jusqu'après le déjeuner, car le rédacteur en chef, M. Walter Whitman, n'aimait pas le tabac. En feuilletant la collection des exemplaires du *Long-Island Democrat*, journal auquel M. Whitman avait été dernièrement attaché, le sous-rédacteur avait noté avec plaisir cette phrase de M. Whitman : « Un cigare a généralement un feu fumeux à un bout, et une étincelle vaniteuse à l'autre. » Le sous-rédacteur trouvait maintenant ses cigares, qui n'étaient pas d'un choix supérieur, infiniment plus à son goût. Il en fumait toujours un à dix heures et demie du matin, tout en se pavanant entre la fenêtre et sa table. A onze heures, il en jetait le bout, ouvrait la fenêtre et attendait le rédacteur en chef.

Le rédacteur du *Daily Aurora* arrivait à son bureau le matin entre dix et onze heures et demie. Quelquefois il venait plus tard. Le sous-rédacteur, après avoir aéré la pièce à fond, réfléchissait aux habitudes commodes de ceux qui possèdent l'autorité, arrangeait sur la table du chef les journaux du jour, puis retournait à son bureau à l'arrivée de M. Whitman.

M. Whitman, son chapeau haut de forme incliné d'un air aimable et dégagé, frappant de son léger bambou une jambe pantalonnée à la mode, une fleur bleue, fraîche comme rosée, à la boutonnière de son habit bien coupé, saluait le personnel du *Daily Aurora* d'un affable bonjour.

Le personnel lui répondait à l'unisson comme le chœur du théâtre antique. Tous le regardaient avec admiration, affection et quelque envie. Ils lui enviaient sa jeunesse, sa santé, son œil plaisant et impressionnant, et la façon dont son habit allait à ses magnifiques épaules. Ils l'aimaient pour sa bonne humeur inépuisable et pour son amabilité dépourvue de toute agressive tyrannie ; et ils l'admiraient pour les visibles talents créateurs dont il donnait la preuve dans presque tous les journaux de New-York, sauf le leur.

Avec un élégant parafe de son bambou, M. Whitman entrait dans son bureau et commençait le travail du jour, parcourant les journaux que le sous-rédacteur avait disposés pour lui. Cette tâche l'occupait pendant une heure, après quoi il repartait flâner. Le sous-rédacteur se rappelait à son attention et lui demandait s'il n'y avait aucun ordre. M. Whitman croyait qu'il n'y en avait pas, mais remarquait qu'il reviendrait vers deux ou trois heures, et qu'à ce moment, il s'occuperait des affaires qui auraient pu surgir en son absence. A nouveau il brandissait sa canne dans un geste large d'adieu et disparaissait.

Le personnel du *Daily Aurora* se remettait à sa tâche avec une ardeur nouvelle ; l'atmosphère de

bonne humeur que son rédacteur portait avec lui
s'attardait dans son sillage et rendait le bureau plus
habitable, l'air moins lourd des efforts du travail.
Il n'y avait pas de place pour l'effort dans l'atmosphère de M. Whitman.

Pendant ce temps, M. Whitman, le rédacteur, se
promenait le long de Broadway jusque vers la Battery.
Il était redevenu Walt le flâneur magnifique. Il était
magnifiquement content. Ses humeurs ténébreuses
de Jamaïca chez le ménage Brenton s'étaient dissipées, et la vie commençait à lui paraître une agréable
expérience. Il était en train de se faire la réputation
d'un jeune auteur de valeur et d'imagination. Ses
œuvres paraissaient avec une régularité satisfaisante
dans la *Democratic Review*, à côté de collaborateurs
tels que Hawthorne, Bryant, Longfellow, Lowell,
Thoreau, Whittier, et le tragique M. Poe. Walt faisait
des moulinets avec sa canne. Il se mouvait en bonne
compagnie. Sa position au *Daily Aurora* ne l'intéressait pas outre mesure, mais elle comportait une distinction certaine et une indubitable régularité de
salaire, et il avait arrangé de telle sorte ses heures de
présence au bureau que la meilleure partie de son
temps se passait dans les rues ; son esprit, comme
du papier buvard, absorbant visages et voix, visions
et sons. Il buvait d'énormes pots de bière avec des
travailleurs hirsutes, arrivés si récemment de l'ouest
pluvieux de l'Irlande, que leur langage ressemblait
à l'humide tourbe de chez eux, joliment fondue en
voyelles et consonnes. Tout comme dans son enfance,
il conversait avec les mariniers du bac de Fulton
street, il aimait maintenant interroger les hommes
dont le visage l'intéressait et tirait d'eux leurs opinions

et quelquefois leurs confidences les plus intimes. Quand il partait, ils regardaient son large dos avec stupéfaction et se maudissaient d'être des imbéciles trop bavards, qui faisaient part de leurs espoirs et de leurs soucis intimes à un simple étranger, tout bonnement parce qu'il y avait quelque chose dans son regard qui forçait leur confiance et déliait leur langue sans qu'ils pussent ensuite se l'expliquer.

Ceux qui s'étaient ainsi confiés n'avaient pas à se faire de soucis. Walt ne révéla jamais une confidence. Peu à peu, ses amis de la rue se tournaient vers lui comme vers une banque pour y déposer toutes sortes de problèmes personnels. De sa personne semblait émaner une force de solidarité sur quoi on pouvait compter. On ne cherchait pas à connaître ses antécédents, ses occupations, ses moyens, mais on lui faisait le grand hommage de croire que quelque fût son gagne-pain, il le gagnait honnêtement et avec distinction.

Le long de Broadway, il parlait ou on lui parlait : constructeur de bateaux, charretier, boucher, pompier, en rapide succession. Vêtu comme un des jeunes lions de la ville, son chapeau haut de forme, sa badine et son habit bien coupé n'arrivaient pas cependant à étouffer sa personnalité, et ses amis, habillés grossièrement, ne sentaient point d'embarras devant sa splendeur. Arrivé à la Battery, Walt conversait une heure avec le contremaître d'un nouveau clipper qui partait le lendemain pour la Californie, en passant par le Cap Horn.

Il retournait à son bureau bien après deux heures et il en repartait définitivement avant cinq heures. Le sous-rédacteur avait pendant ce temps sous-rédigé avec une énergie passionnée, si bien que l'absence de Walt avait en réalité fort peu affecté la marche du journal. Le sous-rédacteur ne voulait pas qu'on trouvât M. Whitman incompétent. Lui-même il le trouvait remarquablement paresseux, mais sa paresse était une chose somptueuse et parfaite, et son charme était inépuisable. M. Whitman souhaitait à tout le monde une très bonne nuit, souriait délicieusement, permettant à ses beaux yeux gris de se reposer un moment sur le personnel, et s'en retournait au Parlement du Pavé.

Il dînait avec un ami, Johnny Cole. C'était le pilote d'un des bateaux à vapeur du service, de Long-Island. Cet homme gros et bronzé poursuivait de plaisanteries cordiales, mais grossières, la gaillarde Hollandaise qui les servait, jurait avec vigueur, puis s'attendrissait sur un camarade noyé la veille tout en mangeant énormément. Ses petits yeux brillants observaient Walt avec une affectueuse curiosité. Walt bourrait son ample panse de pain et de viande, arrosant le tout de bière, et l'écoutait avec attention.

Quand ils sortaient dans Broadway, l'odeur appétissante de la cuisine allemande emplissait encore leurs narines. Ils donnaient l'image impressionnante de la force repue. C'était l'heure du crépuscule. Le beau monde de la ville était dehors, castors bien brossés, cravates élégamment arrangées, petites bottines brillantes, favoris et barbes admirablement peignés. Walt et Johnny Cole se mouvaient dans la foule comme deux sloops de guerre au milieu d'une flotte de fanfarons petits bateaux de pêche. Ils se rendaient au vieux Théâtre du Parc où, bien des années auparavant, Walt avait ressenti pour la première fois le charme du théâtre et s'était enthousiasmé pour les déclamations étincelantes de Henry Placide. Junius Brutus Booth l'aîné y jouait son classique *Richard III*, interprétation shakespearienne qui fut pendant plus de vingt ans sans rivale en Angleterre et en Amérique.

Walt assistait au spectacle chaque fois qu'il le pouvait, et Johnny Cole ne passait jamais à New-York sans aller au théâtre, et applaudissait ou critiquait avec vigueur la diction et le maintien des acteurs. Sa voix avait la résonnance rauque d'une corne à brouillard, mais possédait une portée bien plus grande. Il avait aussi le talent de faire craquer ses doigts avec une force si explosive qu'il faisait fuir de peur les acteurs qu'il trouvait mauvais. Ceux-ci se cachaient souvent derrière les portants parce qu'ils croyaient entendre des détonations et ils imaginaient qu'un homme corpulent, rouge et colérique, vidait sur eux plusieurs pistolets en hurlant des menaces.

Walt déplorait ce talent digital et Cole promit de s'abstenir. Mais au moment où le premier meurtrier, frappant l'infortuné duc de Clarence, déclame :

Tiens, attrape, attrape encore. Si ça ne suffit pas, je te noierai dans la Malvoisie. Vas-y tête baissée.

une série de terrifiantes détonations secoua le silence respectueux qui remplissait la salle.

Ce premier assassin tremblait visiblement en perpétrant son crime sanglant. Sitôt le meurtre accompli, il effectua sa sortie sans perdre de temps. Walt jeta un coup d'œil sévère à son compagnon, mais le mal était fait. Le deuxième assassin souhaita désespérément, d'une voix chevrotante, que, comme Pilate, il pût laver ses mains de ce meurtre très cruel, certain qu'à la prochaine salve, il rejoindrait le feu duc.

La terreur dans les yeux, le premier meurtrier reparut. Tout tremblant, il se mit à blâmer son complice défaillant et termina l'acte par les vers où il traçait ses tristes projets, disant enfin :

Car tout sera découvert, donc il faut déguerpir.

Fidèle à cette parole, il déguerpit sur l'instant. Bien qu'il ne pût voir aucun nuage de fumée dans la salle, le craquement sinistre du pistolet que son imagination lui représentait nettement déchirait son tympan comme le tonnerre du jugement dernier. Il avait disparu avant que ses mots eussent atteint le public. Le rideau tomba, tandis que les spectateurs mécontents se demandaient bruyamment quelle était cette panique. Johnny Cole, ses grandes mains cachées, laissait échapper de timides excuses.

— Ah, mille tonnerres, c'est un acteur effrayant. Il n'a aucun cran ; il n'a même pas su planter son couteau. Le duc était raide mort avant même d'avoir été frappé. Et comment trouves-tu cette façon de sautiller dans tous les sens comme un maître à danser, lui qui doit représenter un assassin ?

— Si tu fais claquer encore une fois tes imbéciles de doigts, Johnny, je file à la maison, droit comme une flèche.

Mais à l'acte suivant, Cole lui-même fut saisi. Les tirades du poète, lancées noblement par Booth, passaient sur le parterre et les galeries comme une flotte de galions dorés. Walt se sentait frissonner et sa moelle se glacer.

Jésus pitié ! oh ! doucement, je n'ai fait que rêver.
O conscience lâche, combien tu me fais peine !

La salle retenait son souffle.

Après le spectacle, Walt et son ami déambulèrent quelque temps, silencieux après cette profonde émotion. Les doigts expressifs de Johnny Cole faisaient entendre encore par ci par là un faible claquement, mais c'était maintenant par admiration respectueuse. Il trouvait que Booth avait une déclamation sans égale qui le rendait supérieur à tous les acteurs sur les planches et même à tous les lurons capitaines de haute mer sur leur gaillard d'arrière... A la Battery les deux hommes se serrèrent les mains, Cole prenant le bac de Brooklyn et Walt dirigeant ses pas encore une fois le long de Broadway.

— C'est un fameux type, pas vrai, Walt ?

On fut d'accord.

— Eh bien, au revoir Walt, oui vraiment, un fameux type. Eh bien, au revoir.

Il tapa Walt dans le dos en le regardant avec tendresse, Walt lui tapa dans le dos.

— Porte-toi bien, vieux copain.

Le long de Broadway, Walt se promena avec sa dignité coutumière, augmentée du maintien royal de Booth, qui lui allait extrêmement bien. Faisant tournoyer sa canne, il entonna vaillamment :

Combattez gentilhommes d'Angleterre, combattez hardis soldats,
Visez, archers, visez la tête avec vos flèches !
Éperonnez durement vos fiers coursiers et galopez dans le sang !
Étonnez la voûte céleste de vos hampes brisées !

Quelques jours après, Walt entrait en flânant à son bureau à son heure habituelle, vers midi. Il se rendit compte d'une certaine atmosphère sinistre, d'une inquiétude anxieuse autour des bureaux du personnel du *Daily Aurora*. Le sous-rédacteur semblait affolé de nervosité. A l'arrivée de Walt, il lui fit des gestes d'avertissement avec la main droite et secoua le pouce gauche au-dessus de l'épaule. Walt trouva cette pantomime fort drôle. Il se mit à rire aimablement et en demanda l'explication. Le sous-rédacteur, voyant l'inutilité de ses efforts pour garder un silence mystérieux, s'effondra.

— M. Whitman, le vieux patron est dans votre bureau, Monsieur. Il y est depuis neuf heures et demie, fumant comme une bouilloire.

A son étonnement, Walt rayonna.

— Bon, bon, j'y vais tout de suite.

Arrangeant sa cravate, il se dirigea vers la porte de son bureau, tandis que le sous-rédacteur s'épongeait le front. « Quel homme, quel homme », dit-il. Sa comparaison à propos du vieux patron était juste. Il fumait vraiment comme une bouilloire.

— M. Whitman, puis-je être assez hardi pour vous demander si c'est là votre heure régulière de présence à ce bureau ?

— Mais oui, Monsieur, quoique quelquefois, je vienne un peu plus tôt ou un peu plus tard.

— Mais, bon Dieu ! pensez-vous rédiger un journal en arrivant à votre bureau à l'heure du déjeuner ? Etes-vous pris par d'autres occupations qui réclament votre attention pendant le reste de la matinée ?

Walt sourit avec une parfaite bonne humeur.

— Mais non, Monsieur, j'ai un excellent collaborateur, il s'occupe d'une bonne partie du travail aussi bien que moi, mieux peut-être. Je viens chaque jour, mais je trouve mon travail fort déblayé.

Le vieux patron devant cette douceur caressante et imperturbable ne se sentit plus comme une bouilloire fumante ; l'eau chaude se refroidissait rapidement. Il agita les mains.

— M. Whitman, je regrette beaucoup de vous dire que l'intérêt du *Daily Aurora* réclame un homme qui y consacre son travail, matin et soir. Je serai désolé, nous serons tous excessivement désolés, de renoncer à vos services, mais voilà... Si je peux me permettre de vous le dire, — je suis un homme assez vieux pour être votre père, — vous êtes un jeune homme très remarquable, mais à mon avis, vous êtes le garçon le plus paresseux qui ait jamais entrepris d'éditer un quotidien. Mais, notez bien mes mots, M. Whitman, ce n'est pas cela qui nous amène à cette séparation. Pas du tout, c'est, dirons-nous, un point de politique éditoriale sur lequel nous différons. Ne nous quittons pas fâchés. Vous êtes, M. Whitman, un jeune homme qui ira loin, très loin, j'en suis sûr, mais le *Daily*.....

Il était essoufflé. Effrayant, rouge et haletant, il regardait M. Whitman avec une touchante impossibilité de s'exprimer. Ses yeux imploraient passionnément. Walt sourit de son sourire charmant.

— Cher Monsieur, n'en parlons plus. Nos relations ont été pour moi agréables, très agréables, et, je veux le croire, pour nous deux. Le *Daily Aurora* me manquequera, mais sans aucun doute, il prospèrera bien sans moi. Bonjour, Monsieur.

Il sortit de son bureau qui n'était plus son bureau, pour tomber dans les bras du sous-rédacteur anéanti.

— M. Whitman, c'est pour moi un honneur de vous avoir connu et un plaisir d'avoir travaillé pour vous.

Le sous-rédacteur avait tout entendu. Le personnel se fit l'écho de ses paroles. Walt serra la main de chacun et inclinant son chapeau haut de forme juste une nuance vers la droite, alla vers Broadway à nouveau, comme toujours, tout joyeux, un homme libre.

CHAPITRE VII

« Amis de la Tempérance... Ohé ! Franklin Evans ou l'Ivrogne. Histoire de ce temps. Par un auteur populaire américain. Ce roman, qui est dédié aux Sociétés de Tempérance et aux amis de la Cause de la Tempérance, dans toute l'Union, fera sensation tant par le talent et le style que par l'intérêt du sujet et sera lu et admiré universellement. Il a été écrit expressément pour le *New World*, par un des meilleurs romanciers de ce pays, dans le but d'aider au grand travail de Réforme et de protéger les jeunes gens du démon de l'Intempérance. L'intrigue, conduite avec beaucoup d'habileté, a une morale excellente. Les amis de la Réforme de la Tempérance devraient s'intéresser à son influence bienfaisante et lui donner l'occasion de se répandre le plus largement possible. »

Walt lut cette longue annonce avec un vif intérêt et un amusement qui grandissait à la réflexion. C'était lui-même « l'auteur populaire américain ». C'était lui l'homme de lettres qu'on appelait « l'un des meilleurs romanciers de ce pays ». Park Benjamin, directeur d'un hebdomadaire vigoureux consacré à des nouvelles et à de petits romans dont les intrigues étaient pleines de couleur et les fins fortement morales, rencontrant un jour Walt sur la Battery en train de manger la moitié d'un melon d'eau, lui avait suggéré d'écrire une épopée abstinente et avait hasardé un mot ou deux à propos d'émoluments qui sont toujours, il le savait, choses acceptables.

Walt avait fini le melon d'eau et était tombé d'accord sur le projet, à condition que son nom, qui devenait familier à des personnes de bien dans les colonnes de la *Démocratic Review*, fût omis. Il sentait qu'il pouvait pendant un certain temps se lancer en toute sincérité dans n'importe quelle campagne contre l'alcool, puisque implicitement, il en détestait l'abus, mais il ne sentait pas le besoin de le renier *in toto*, trouvant lui-même plaisir dans un usage modéré. De toute façon, ce petit roman lui offrait une occasion d'utiliser un certain nombre de sonores généralités sur le vice qui résonnaient en lui depuis longtemps.

Il conclut l'affaire avec le directeur du *New World* et, étant sans autre engagement, il s'attela à la besogne.

Armé de crayons et de papier écolier, il se rendait chaque matin à Tammany Hall. C'était le cercle du parti démocrate à l'atmosphère bohème et sympathique dont les mentors politiques tenaient Walt en quelque estime depuis sa campagne de 1841 pour Van Buren. Sous les auspices de ce cercle il avait prononcé son discours politique le plus considérable, dans le parc de la ville, la même année. Sa large personne étalée sur deux chaises et une table, il inventait le personnage, et l'histoire, et la décadence affligeante de Franklin Evans avec un intérêt qui finit par tuer son sens de l'humour. Insensiblement, par pur amour de la déclamation, il se mit à insulter les vins et les liqueurs avec une impétuosité oratoire qui d'abord effraya, puis amusa les pique-assiette du parti démocrate de New-York. Fumant et crachant, ils lisaient sur son épaule et commentaient avec l'accent du comté de Kerry, entre de larges rasades de bière, l'avenir plein de promesses et la triste chute du trop assoiffé Franklin. Ils s'intéressaient passionnément au sort de Franklin et chaque fois qu'ils entamaient un nouveau pot, ils ne manquaient pas de porter sa santé. Walt, la gorge sèche d'excitation, se précipitait jusqu'au coin de Spruce street pour éteindre sa soif au *Pot d'Etain* avec de larges cocktails au gin qui le rafraîchissaient et l'inspiraient admirablement.

Le roman avança avec une belle vitesse et le *New World* le publia en novembre 1842, complet en un numéro, avec l'annonce qui s'y rapportait. Quand Walt le lut imprimé, son sens de l'humour ressuscita immédiatement avec force. Il relut ses paragraphes de sombre prêche avec un intérêt devenu morbide, secoué par des rafales alternées d'incrédulité outragée et de rire gigantesque. Bien des années plus tard, le souvenir de son unique roman à deux sous le remuait encore d'une horreur à moitié comique. Un fanatique plein de bonnes intentions lui fit part un jour des recherches étendues qu'il avait faites pour en trouver un exemplaire ; Walt, d'un ton sévère qui ne lui était pas habituel, souhaita ses grands dieux que cette recherche ne réussît point.

Donc Park Benjamin traita généreusement ses abonnés en novembre 1842. Les camarades du Cercle enfumé de Tammany lurent et relurent l'histoire du jeune Franklin avec un surcroît d'intérêt. Imprimé, le récit avait maintenant un air d'autorité qui lui avait manqué quand ils l'avaient lu dans la délicate écriture penchée du manuscrit. Ils en vinrent à le considérer comme une espèce de chef-d'œuvre après tout, et à en parler comme d'un travail de valeur produit sous le patronage et sous le toit de la société de Saint Tammany. Quant à Walt, il ignora cet enfant né d'un simple caprice : Franklin Evans était dans la tombe d'un ivrogne repenti — bon débarras — et l'argent gagné était dépensé. Il avait simplement la terreur que l'auguste état-major de la *Democratic Review* ne découvrît la paternité de ce récit.

Depuis l'interruption de ses relations avec le *Daily Aurora*, il avait mené une existence d'indépendance plus délicieuse encore qu'avant. Il avait renoncé à son habillement raffiné et maintenant il se promenait vêtu avec moins de distinction, mais d'une façon infiniment plus pratique. Il s'engageait, tantôt dans un atelier d'imprimerie comme maître compositeur, et tantôt dans un bureau de rédaction comme rédacteur. A l'occasion, il travaillait continûment, mais pas souvent, et jamais pour une longue période. Sauf ces quelques heures fugitives où il gagnait le strict minimum pour vivre, Broadway absorbait tout son temps.

Les omnibus de Broadway devinrent sa passion, et les cochers ses amis les plus intimes. Ils appartenaient, comme les bergers, à une race rude et distincte ; ils retrouvaient en Walt l'amour de la vie de plein air indépendante et sans souci qui les avaient poussés à choisir ce métier. Walt les connut tous par leurs noms, et les salua fraternellement. Jack de Broadway, le Tailleur, Bill le Rouspéteur, George Storms, le Vieil Éléphant et son frère le Jeune Éléphant, Tippy, le

Gonflé, le grand Frank, Joé le Jaune, Peter Callahan, Patsey Dee, et tant d'autres... Il grimpait dans leurs voitures, et passait une matinée, une après-midi ou une journée entière à raconter des histoires ou à en écouter, ou à déclamer à la manière de Booth, qu'il n'avait pas oubliée, de merveilleuses tragédies. À leur tour, les cochers, conteurs nés, lui disaient les interminables aventures des rues. Il y avait le jour où Andrew Jackson roula dans l'omnibus *Knicker-bocker* drapé aux couleurs nationales, et où M. Van Buren donna cinquante dollars au cocher pour boire du champagne à la santé du vieux président. Il y avait le jour, encore dans le souvenir des plus vieux, où la mort du gouverneur Clinton fut pour la ville un deuil solennel. Même les chevaux, à les en croire, en avaient été frappés, car ils avaient refusé de trotter et la cadence de leurs sabots avait le rythme lent d'un corbillard. Ils se rappelaient l'affreux incendie de 1835, quand les deux côtés de Pearl street et de Hanover square brûlaient à la fois, et où les marins appelés par Charles King avaient été incapables de déposer les explosifs qui devaient faire sauter les maisons pour délimiter le feu, si bien que des propriétés qui valaient vingt millions de dollars avaient été détruites. Avec des remarques ironiques, ils parlaient du mariage du président Tyler, et des quatre pur-sangs qui tiraient ordinairement son carrosse.

— Il vivait trop bien, voilà, avec sa vaisselle d'argent et ses chevaux de race. Mais sa dame aimait ça, et pardi, il savait bien qui était maître. Sa dame, ajoutaient-ils, était de New-York et une femme élégante.

Les omnibus jaune serin et les omnibus rouge feu,

les omnibus de Broadway, ceux de la Quatrième
avenue, et les Knickerbocker, Walt aimait s'en souvenir dans sa vieillesse, car ils lui rappelaient sa jeunesse et sa liberté aventureuse.

Les rues sont pour lui l'excitation de son esprit.
Chaque visage qu'il rencontre renferme une histoire
qu'il voudrait savoir, et chaque coup d'œil lui offre
un nouvel aspect de la vie. Il voit des femmes qui
attirent son imagination et l'intriguent, et des hommes
dont il invente les faits et gestes grâce à une expression, une attitude, un regard. Sur les trottoirs, la foule
avance comme un ruban sans fin, le ruban de l'existence. Chaque individu est une unité de renseignement,
un mot à employer dans sa propre interprétation de
la vie, une note au bas d'une page.

En lui, l'humanité germe avec un lent mais riche
déploiement. Il conçoit pour la race humaine en
général une amitié aussi candide et aussi confiante
que pour les êtres qu'il connaît de près. Aucun stig-
mate ne peut dissiper cette généreuse bienveillance,
ni la marque de la maladie ni celle du crime, ni la
signature de la défaite ou de la honte. La prostituée
et le voleur ont autant part à sa sympathie et à sa
compréhension consciente et ouverte que les heureux
dont la vertu est récompensée. Walt sait de quoi se
composent peine et joie, il n'a aucun préjugé personnel.
Son attitude de sagesse et de tolérance envers l'humanité est bien rare chez quelqu'un qui n'a pas beaucoup
plus de vingt ans.

A vrai dire il attaque les abus, et les hommes qui
en vivent, mais ses écrits sans faiblesse et sans compromis manquent du fil tranchant d'une animosité
personnelle. Il est surpris, blessé par des attaques,

mais ne ressent jamais le désir de se venger, de retourner le mal pour le mal.

Les trottoirs et les rues éveillent perpétuellement en lui l'étonnement et la joie d'un enfant qu'on emmène, la semaine de Noël, visiter le rayon des jouets d'un grand magasin, dans l'idée que le Père Noël aurait besoin de quelques suggestions. Le cortège des petits wagons rouges, portant l'étiquette pompeuse d'*express*, les petits bateaux étincelant de peinture et de minuscules cuivres jaunes, les éléphants gris à défenses incassables et à sourires perpétuels, les chiens laineux, aux yeux brillants sortant de la tête, et les armées de braves soldats, avançant à pied sur leurs agressives petites jambes, ou à cheval ; tous ces jouets plongent dans les mêmes transports étranges et magiques le petit bonhomme qui les contemple, que le va et vient sans éclat des rues de New-York autour de 1840 inspire à ce perpétuel flâneur.

Le travail occupe tout juste un quart de son temps. Il consacre agréablement le reste de la journée à sa littérature et à ses études ambulatoires. Il trouve maintenant qu'Edgar Allan Poe, son aîné de dix ans, un auteur d'un génie défini et reconnu, possède un style parfait dans la prose, qu'il faudrait égaler pour devenir immédiatement célèbre. Ses propres créations manquent encore d'un je ne sais quoi de personnel ; elles restent assez banales. Beaucoup sont imprégnées d'une telle sentimentalité, que Walt plus tard, en les relisant, les reniera avec des grognements réprobateurs. Elles sont écrites dans une langue qui est peut-être hautement romanesque, mais désagréablement affectée. *Bervance*, par exemple, ou *Le Père et le Fils*, paru en décembre 1841 dans la *Democratic Review*, est une sombre tragédie d'hérédité, d'injustice et de cruauté paternelle :

Oh ! Christ Quel spectacle ! ai-je laissé échapper, tandis que je retombais sur la chaise, après m'être dressé, défaillant d'angoisse. Le fou tressaillit à mes paroles, et sans doute l'éclair de quelque chose comme un souvenir passa un instant dans son cerveau. Il me jeta un coup d'œil farouche.

Cela vous plaît-il ? dit-il avec un effrayant sourire, c'est votre œuvre. Vous m'avez enfermé dans une maison de fous ; je n'étais pas fou, mais à mon réveil, en respirant cet air, en entendant ces bruits, en voyant ce qu'on peut voir ici... oh maintenant je suis fou ; soyez maudit !... c'est votre œuvre, soyez maudit !... soyez maudit !

Inutile de dire que c'est le fils injustement frappé qui maudit.

Plus tard, aux jours de sa maturité, Walt refusera de reconnaître cette œuvre. A vingt-deux ans, cependant, il considère *Bervance* comme un exploit notable, et après tout, c'était peut-être vrai, pour son âge. Walt, par moments, se demande secrètement si Poë l'emporte vraiment sur lui.

En mars 1844, il publie dans le *Columbian Magazine* un court essai qui approche davantage le modèle de son choix. C'est intitulé *Eris, le récit d'une âme*, et contient des passages comme celui-ci :

Et l'un d'eux avait l'apparence d'un enfant aux mouvements faibles et chancelants, mais le maintien d'une fleur immortelle. Ses yeux aux longs cils se penchaient languissants. Ce fantôme s'appelle Dai. Quand il s'approche, les anges se taisent et le regardent avec pitié et affection. Et les beaux yeux de Dai ne fixent aucun objet, et quand ses lèvres remuent, il n'en sort, dans une plainte, qu'un seul nom. Il erre sans repos sur les confins du monde ou au milieu des rues de la terre magnifique. Il va, il appelle avec ferveur l'objet de son amour. Il n'y a pas de réponse.

Sûrement, pas de réponse. Walt n'arrive pas encore à incorporer dans son style ce levain indispensable avec lequel M. Poë, malgré le gin qu'il boit sec, fait fermenter ses écrits.

Un ou deux ans après l'apparition d'*Eris*, Walt, à la requête de Poë lui-même, écrit pour le *Broadway Journal* dont Poë était le rédacteur en chef et qui lui appartenait en partie, un bref essai, intitulé *Art singing and Heart singing* (Chants du Cœur et de l'Art), qui paraît en novembre 1845. A la publication, Walt s'empresse tout joyeux d'aller au bureau du journal ; il grimpe l'escalier quatre à quatre, puis, avec une lenteur étudiée, entre dans la pièce du premier étage qui sert de bureau de rédaction. La silhouette de M. Poë, penché sur la table dans une attitude de singulière lassitude, se redresse et se lève. La courtoisie apprise à West Point se mêle dans les manières de M. Poë à une amabilité méridionale. Son apparence d'aristocrate, ses yeux tristes, sa voix basse et réfléchie donnent soudain envie à Walt de le réconforter, de faire quelque chose pour lui, de l'égayer, d'effacer les rides qui ombrent de marques précoces les contours amaigris de son visage.

En le quittant, Walt s'en va doucement. Il oublie un instant la magie de l'œuvre de Poë et sa grandissante réputation, il n'a plus qu'un sentiment de pitié protectrice pour son auteur. Il doit y avoir quelque chose, pense-t-il, qui vient le blesser à tout moment et le fait hésiter après avoir professé une opinion, comme s'il désirait plutôt se rétracter que se quereller.

CHAPITRE VIII

1846. C'est l'époque où les troupes de Zachary Taylor érigent dans la sueur et les jurons le Fort Brown sur le Rio Grande, aux sons de la musique troublante des guitares et des coups de fusil de la garnison mexicaine de Matamoros. Walt accepte la position de rédacteur en chef du *Daily Eagle* de Brooklyn.

Cette offre l'avait pour ainsi dire attrapé au vol, entre une ballade à Coney Island, où, pendant toute une journée, sur la plage déserte, il avait déclamé Homère à quelques mouettes tolérantes, et une excursion plus importante dans la partie nord-est de Long-Island, terre en repli constant sous l'offensive régulière de la houle atlantique, où il avait l'habitude de lire, parmi le bruit, Eschyle, Sophocle, et les Nibelung, Dante et les récits mystiques des Védas. Sa nomination à l'*Eagle* lui fit plaisir, parce qu'il lui semblait que c'était la preuve qu'il était en train de se bâtir solidement une réputation de journaliste et d'homme de lettres. Il n'avait que vingt-sept ans, mais il avait déjà derrière lui plus de dix ans d'efforts. Son talent littéraire défini le menait au succès. Maintenant il arrivait au seuil d'une célébrité plus vaste. Le patron de l'*Eagle* avait choisi Walt pour son expérience de journaliste et surtout parce qu'on lui avait dit que son style valait ceux d'écrivains comme Poë, Hawthorne ou Thoreau. Apprenant que Walt était un enfant de Brooklyn, il lui fit remarquer qu'un rédacteur au courant des besoins de Brooklyn pourrait donner au journal un rôle important. Toujours prêt à épouser une cause bienfaisante, Walt vit là l'occasion magnifique d'une croisade. Le petit quotidien à quatre pages lui parut une arène où il pourrait briser bien des lances pour la cause de la vertu civique ; et la personnalité du patron, les appointements et les heures, tout lui plut.

Les tendances politiques de l'*Eagle* étaient solidement démocrates ; ici encore, les titres de M. Whitman étaient excellents ; mais la politique, pour autant qu'elle comptait, avait moins d'importance qu'un bon orgueil local. Il fallait s'intéresser aux constructions neuves et aux améliorations municipales.

« Qui peut nier », écrivait Walt du haut de sa position avantageuse de rédacteur en chef, « la croissance de Brooklyn ? Personne. Il suffit de se promener à l'est et au sud. Nous pourrions y compter maintenant au moins trois cents maisons qu'on y bâtit. »

Il réclama un nouveau système d'éducation dégagé de la forme et de la lettre, pour développer l'esprit. Il attaqua avec sarcasme le *New-York Sun* qui se moquait, dans un éditorial, de l'idée d'une consolidation nationale et qui soulignait le fait que l'Union était une union d'états libres et souverains. Ainsi, sans partialité, il discuta sur des sujets d'importance aussi bien locale que nationale. Puis, M. Whitman se fatigua de la politique. Il choisit comme objets d'attaque les méfaits abstraits du duel, des syndicats, et les abonnés n'eurent plus aucun renseignement sur les problèmes de la nation. Loin de se révolter de l'irrégularité et de la variété de ce feu rédactorial, ils firent bon accueil au nouveau rédacteur et le soutinrent.

Ainsi Walt trouva à Brooklyn des amitiés et des admirations. Sa vie y fut seulement un peu moins remplie que le long de Broadway ; il lui manquait les omnibus, les soirées au théâtre, les visites aux musées, aux pauvres ateliers, aux tavernes. Bien plus, il vivait à nouveau avec son père et sa mère dans une confortable petite maison, Myrtle street, à plus de deux kilomètres de son bureau, distance qu'il parcourait chaque matin, sans se hâter, dans des rêves plaisants.

Louisa avait ressenti une profonde satisfaction, un doux sentiment de soutien et de sécurité quand Walt était revenu, insistant pour payer sa pension, et apportant au foyer un rayonnement presque tangible de sérénité et de force. Walter Whitman, toujours charpentier, vieillissait. Il y avait un quart de siècle qu'il avait amené à Brooklyn sa jeune femme et ses enfants pour y bâtir la fortune de la famille. Depuis cette époque une multitude de soucis et de petits ennuis l'avaient harcelé et avaient fini par ébranler sa solide constitution. Aucune des questions, peut-être à demi formulées dans sa tête, qu'il s'était posées, n'avait eu de réponse. Il avait lutté presque toute son existence pour résoudre un obscur problème aux données inconnues, même de lui. Sa vie intérieure était sombre et triste. Ses longs silences, son humeur froide et morose, Louisa n'en avait jamais trouvé la raison. Sous une carapace épaisse et dure il cachait au fond de son être une sensibilité si délicate qu'il se blessait lui-même

sans doute, car dans les communautés où il vivait, il
était toujours respecté et considéré. Louisa en avait
conclu depuis longtemps qu'elle était incapable, malgré
tout son amour et sa dévotion, de guérir le tenace
pessimisme de son mari. Renfermé et silencieux par
habitude, il n'exprimait jamais ses sentiments ; tout
au plus ses yeux paraissaient-ils plus ternes, et ses
massives épaules un peu plus courbées.

L'arrivée de Walt allégea sa vie pendant un certain
temps. Elle tira ses pensées de l'abîme de réflexion
personnelle où elles étaient plongées. Quand son grand
fils racontait qu'il avait vu telle ou telle célébrité face
à face, Walter Whitman ressentait indirectement une
émotion, touchante en sa candide simplicité : il écar-
quillait d'étonnement ses yeux au regard malheureux,
il redressait presque gaiement sa tête grise, il s'excla-
mait : « Tu l'as vraiment vu de tout près, mon fils ? »

Walt dans ses promenades avait vu Webster et
Clay fameux pour leurs compromis, Seward l'ennemi
enflammé de l'esclavage, Martin Van Buren l'orgueil-
leux porte-parole d'Andrew Jackson, Fitz Green Hal-
leck, et Bryant qu'il tenait en grande estime. Le
souvenir le plus cher de son père se rapportait à
Jackson, qui avait traversé Brooklyn dans l'été de
1833. Walt, qui avait alors quatorze ans, avait été aussi
dans la foule. Il avait acclamé le vieux loup des fron-
tières, qui passa en voiture, soulevant son castor blanc
en réponse aux applaudissements, tournant à droite
et à gauche un visage tanné, aigu comme une lame,
sous une crête raide de cheveux blancs. Pour Walter
Whitman, Jackson était le grand héros des générations qui avaient suivi la mort de Washington. Il
avait beau être un solide démocrate, il avait foi en

Jackson « roi », et jamais autant que quand celui-ci était attaqué.

Walt comme son père admirait le héros. Peu après son entrée en fonctions à l'*Eagle* il finissait ainsi un court paragraphe consacré à l'idole de la famille :

« Caractère massif, mais le plus sympathique et le plus simple qui soit. Au milieu de la dispute des partis, dans cette course aux honneurs politiques où l'on voit descendre tant de nos hommes, même les plus éminents, quel réconfort de se tourner vers votre patriotisme sans mélange ! Votre grande âme n'a jamais connu une pensée égoïste dans les questions où votre pays était engagé ! Ah ! il n'y en a jamais eu parmi nous qu'un seul plus pur. »

Pur semblait difficilement le mot, même pour Walter, qui put qualifier la vie de cet opiniâtre duelliste, de ce vieux soldat. Néanmoins, il félicita son fils de ces quelques lignes avec autant d'enthousiasme qu'il était capable d'en montrer :

— Cette fois, mon fils, voilà du bon travail. Voilà ce que j'aime, fils.

Mais Walt le rédacteur n'empiète en rien sur Walt le flâneur magnifique. Pendant l'été brûlant, il quitte son bureau de bonne heure l'après-midi ; il descend à l'atelier de composition où il arrache un jeune imprimeur à son haut tabouret et à ses caractères étincelants, et l'emmène vers la mer. Comme s'ils avaient tout le loisir du monde à gaspiller, ils se baignent des heures durant ; ils plongent et flottent dans les lentes ondulations vertes de la houle. La poésie et l'eau salée jaillissent en même temps de la bouche de Walt, dont on voit le corps nu et brillant paraître et disparaître. Le jeune imprimeur ne fait pas grand

cas de la poésie, mais il est bon public, et la poésie
dans la bouche de Walt prend une étonnante résonnance ; aussi prête-t-il l'oreille au son, jamais au sens
des mots splendides que Walt récite de mémoire.
Large d'épaules, de cuisses plates et de taille mince,
musclé comme une panthère, il se meut sinueusement
dans l'eau autour de Walt, ses grands deltoïdes d'acier
poussent ses bras en de lents arcs latéraux. Il s'étend
au soleil, il contracte les biceps et durcit les muscles
des cuisses, il les claque du plat de la main, pour en
sentir la dureté. Il rêve vaguement à ce qu'il aimerait
manger. Il se rappelle une fille aux courbes délicieuses
et troublantes, qui l'avait lorgné la veille sur le bac.
Il se promet quelque samedi soir de ne pas rapporter
sa paye à sa mère, d'aller boire et plaisanter avec ces
filles et de rentrer avec l'une d'elles. Elles ont l'air
de le trouver à leur goût. Il contracte les biceps. Il a
besoin de s'amuser par ci par là de temps en temps.
Les muscles gonflés de ses cuisses claquent sous sa
main. Qu'est-ce que peut bien gueuler le patron maintenant, nom de... Du français probablement ! Maintenant Walt passe de la *Dame du lac* à Homère. Le jeune
imprimeur plonge sans bruit après lui ; il oublie le
son, la nourriture et l'amour à sentir le jeu coordonné
de ses muscles.

Pour remplacer les omnibus de Broadway, Walt
adopta les bacs qui faisaient le service entre Fulton
street et l'île de Manhattan. Il redevint leur fidèle
sujet comme il l'avait été autrefois, quand il avait
quatre ans, avec le même enthousiasme. Il allait
et revenait sur eux sans motif, sinon le désir de quitter
Brooklyn et de le voir passer derrière un premier plan
de mer d'un bleu-vert changeant coupé par la frange

blanche et bruissante du sillage. Le plaisir était tout aussi délicieux quand New-York reculait à son tour derrière ce premier plan de vagues, grises parfois s'il soufflait une rafale, ou semblables à un vaste troupeau de moutons neigeux, tous poussés dans la même direction sous le fouet d'une brise venant du large. Il avait compté parmi ses amis intimes les cochers d'omnibus qu'il hélait de leur nom comme ils le hélaient du sien au passage ; maintenant il commença à nouer la même amitié bon enfant avec les pilotes des bacs ; les Balsirs, Ira Smith, William White, le jeune Tom Gere et Johnny Cole, son ami de longue date. Il aimait les accompagner quand il leur fallait user de tout leur art pour diriger le lourd bateau malgré une risée debout, voilée d'embrun, ou quand, les jours de brouillard humide et épais, ils devaient naviguer avec prudence par peur des collisions, comme si, partis pour les Laccadives, ils traversaient une passe particulièrement dangereuse. Walt trouvait à chaque traversée de périlleuses délices ; c'était une aventure qui lui apportait toujours un riche butin d'impressions. De son bureau de l'*Eagle,* il écrivit un jour un éditorial sur les bacs, leur activité solide et incessante, leur condition, les passagers et les accidents qui arrivaient quelquefois.

« Nos bacs de Brooklyn nous enseignent quelques sages leçons, ami lecteur... »

Walt avait perdu l'habitude d'aller régulièrement à l'église. Il trouvait que c'était une discipline inutile et fatigante qui n'avait rien à faire avec le respect et la foi en un être divin. Les quelques sermons qu'il avait entendus avaient commencé par l'épouvanter, puis par l'endormir irrésistiblement, mais, comme rédacteur du *Brooklyn Eagle*, il crut devoir à son emploi d'assister quelquefois à des assemblées religieuses quand elles étaient présidées par des hommes comme Henry Ward Beecher qui, après tout, n'était pas seulement un pasteur mais une force active et violente dans des matières infiniment plus importantes que de la religion à bedeau et chaisière. Donc Walt vint s'asseoir un dimanche au pied de la chaire de M. Beecher à l'église de Brooklyn de la secte *congrégationelle de Plymouth*. A sa surprise il n'eut envie ni de dormir, ni de se sauver en criant : « C'est absurde, Monsieur, fatras, balivernes que tout cela ! »

Le révérend M. Beecher, ne parlait pas avec cette suavité polie et cette phraséologie fleurie que le pasteur Edward Everett du Massachussetts avait mises à la mode dans les discours dévots, trente-cinq ans auparavant, quand, dès l'âge de dix-neuf ans, il avait enchanté les gens de Cambridge. M. Beecher possédait des idées aussi frustes que sa façon de les présenter et, intéressantes. Il n'employait pas de grands mots, mais il menait ses conclusions tambour battant ; cela refroidit sur le coup la passion de Walt pour les splendides épithètes. Intéressé dans cette forte prose, on voyait Walt fréquemment à l'église *congrégationelle de Plymouth*. Il commença de modifier son propre style, s'inspira moins de Poë, mais il lui manquait encore une façon d'écrire complètement personnelle ; lui-même ne s'en rendait pas encore tout à fait compte. Son esprit en était à la phase d'assimilation et se souciait peu de ses progrès, qui étaient lents mais sûrs.

Politiquement, il gardait une position qui n'était

pas sans être enviable parmi les démocrates, mais le schisme qui coupa son parti aux élections nationales de 1848 fut pour lui décisif. A la consternation du patron de l'*Eagle*, solide et dévoué démocrate, Walt refusa de soutenir le Gouverneur Cass du Michigan comme candidat à la présidence. Il alla jusqu'à se déclarer un *Brûleur de Granges* (c'était le titre imagé donné à ces démocrates anti-esclavagistes qui allaient jusqu'à souhaiter la dissolution de l'Union pour supprimer l'esclavage) et de toute façon un ennemi confirmé des principes des *Faces de pâte*.

Il reprochait à Cass d'être tiède, ni pour ni contre l'esclavage, par conséquent une Face de Pâte. Le propriétaire de l'*Eagle*, de rage, passa du pâle à l'écarlate devant cette défection traîtresse. Il manqua avoir une apoplexie en lisant dans le *New-York Evening Post* le *Chant des Faces de Pâte*. On chuchotait que l'auteur en était Walt Whitman, rédacteur en chef du *Brooklyn Eagle*.

> Nous sommes tous de dociles Faces de Pâte.
> Ils nous pétrissent avec le poing,
> Eux, les audacieux Seigneurs du Sud.
> Nous peinons comme il leur plaît,
> Nous parlons pour eux ou restons muets.
> Pour eux nous pirouettons dans tous les sens.

Horreur ! Bégayant de fureur, il questionna Walt sur cette insulte. Walt admit tranquillement qu'en effet il en était l'auteur et il ajouta qu'à son avis les Whigs et Zachary Taylor gagneraient l'élection, en se retirant. Le patron suffoqua sans pouvoir articuler un mot, il fit comprendre qu'à partir de ce

moment, le *Brooklyn Eagle* et Whitman devaient être
complètement étrangers l'un à l'autre.

Walt serra aimablement sa main molle et sortit,
imperturbable. Il voulait assister ce soir-là à une
représentation théâtrale.

CHAPITRE IX

Le foyer du vieux théâtre de Broadway situé près de Pearl street à New-York était comble. Foule de messieurs en chapeaux haut de forme miroitants, dames dont les robes généreuses, épanouies en pétales, brillaient parmi les habits noirs comme des flammes en forêt.

Sur la basse monotone de la conversation, montait un soprano de joyeuses roulades. Cette musique rappelait à Walt le discours satisfait des volailles quand sa mère leur distribuait le grain, de sa porte, à la ferme de West Hills ; les poules majestueuses et les coqs pompeux s'agitaient à ses pieds dans un tumulte ébouriffé et avide.

Pendant l'entr'acte, les spectateurs avaient quitté parterre et galeries pour montrer leurs toilettes ou pour fumer un cigare. Il les dépassait de haut. Une jeune femme, coiffée de mouvantes boucles d'un noir de jais et décolletée splendidement, lui jeta un tendre regard de reconnaissance, presque aussi explicite qu'une invitation par écrit. Il sourit et voulut se diriger vers elle, mais trébucha sur un monsieur à l'air opulent dont il écrasa lourdement les pieds élégants. Celui-ci poussa un cri aigu de souffrance et tomba dans les bras de Walt.

— Monsieur...

— Monsieur, mille pardons, ma maladresse est inexcusable.

— Ah, Monsieur, je peux jurer que vous n'êtes pas un poids léger, mais la faute en est à la foule. Quand la Kemble joue, vous savez...

— Je ne manque pas une représentation. Je crois que je l'ai vue plus d'une vingtaine de fois au théâtre du Parc.

— Ah, c'est une grande artiste, Monsieur... Monsieur...?

— Whitman, Monsieur, Walt Whitman pour vous servir.

— Charmé.

Walt salua.

— Eh bien, M. Whitman, je m'appelle Mc Clure. Votre nom naturellement, et ce fut son tour de saluer, m'est familier et comme je suis moi-même journaliste, faites-moi le plaisir de venir prendre quelque chose avec moi.

L'image de la jeune fille aux boucles s'envola de l'esprit de Walt. On trouve toujours des femmes, mais il est beaucoup plus rare de rencontrer des journalistes si opulents et si courtois. M. Mc Clure lui prit le bras et l'emmena à la taverne du coin. Mc Clure commanda du vin que l'on trouva excellent et que l'on but avec des santés appropriées, après quoi il demanda à Walt quels étaient les journaux de New-York auxquels il collaborait. Walt répondit qu'il était libre et sans engagement. Mc Clure n'arrivait pas à croire à ce bonheur ; il se pencha confidentiellement et toucha du doigt l'énorme thorax de Walt.

— Que diriez-vous, Monsieur, d'un voyage jusqu'à la Nouvelle-Orléans ? D'une collaboration avec le *Crescent*, un journal tout flambant neuf, Monsieur, un fameux journal riche et plein d'avenir. J'en suis propriétaire en partie et j'ai carte blanche, ici dans le Nord, pour réunir du matériel et des hommes de talent. Je vous engage sur l'heure comme rédacteur en chef et voici tout de suite vos frais de voyage et davantage, deux cents dollars. Les voici Monsieur.

Légèrement essoufflé, il sortit de ses poches plus d'argent que Walt n'en avait vu de sa vie, et attendit sa réponse, les billets dans la main. L'expression de son visage tendu pouvait devenir aussi bien une grimace de déception que la joie d'un enfant devant un étalage de confiserie.

Walt prit à peine le temps de réfléchir.

— Entendu, M. Mc Clure, entendu.

On lui fourra avec enthousiasme des billets plein la main, on bénit le hasard de la Kemble et du pied écrasé. M. Mc Clure rayonnait comme un lampion de fête. Il commanda encore du vin ; à l'en croire, si jamais le Sud se retirait de la Confédération, la perte que le Nord subirait ne serait rien à côté de celle dont il souffrait maintenant. Bras dessus bras dessous, ils retournèrent au théâtre, fort satisfaits tous deux et Mc Clure aux anges.

La pièce finie, Mc Clure s'en fut chez lui tout joyeux. Walt trouva à la porte du foyer la jeune femme qui l'attendait. Elle était enveloppée dans une somptueuse cape à capuchon qui la cachait maintenant à l'admiration. Walt l'avait pour maîtresse depuis déjà longtemps, il en était adoré et ne prêtait plus guère attention à sa tendresse.

Le lever du soleil le trouva sur le bac. Cette nuit avait été fort réussie, de toute façon. Il tâta les billets dans sa poche et pensa à la joie de Louisa, à la surprise de son jeune frère Jeff ; il rêva à la belle endormie, douce comme du lait chaud, qu'il avait laissée. La Nouvelle-Orléans, le Sud, le Mississipi ; des aventures pleines et palpitantes, des expériences, la vie...

L'offre de Mc Clure remplissait avec à-propos le vide causé par son départ de l'*Eagle*. Des activités nouvelles, un voyage, un pays inconnu, Walt n'avait pas hésité un instant pour se décider. Il emmènerait Jeff, qu'on pourrait utiliser au bureau et dont la médiocre santé gagnerait sans aucun doute à ce changement de climat. Il se dirigea vers la maison à une allure, tranquille peut-être pour d'autres, mais qui chez lui était plus énergique que d'habitude. A la maison de Myrtle street, Louisa était en train de préparer le petit déjeuner et son père rassemblait ses outils. Le soleil luisait dans la cuisine propre ; il brillait sur les rangées de marmites et de casseroles sans taches, sur la panse de cuivre de la bassinoire — héritage du vieux commandant Van Velsor qui reposait maintenant avec sa bonne vieille femme sous le gazon dru de Cold Spring. — Il attrapa dans ses bras Louisa et la fit sauter en l'air malgré ses protestations car elle mettait le couvert : — Walt, pose-moi par terre, entends-tu, Walt, tu me donnes le vertige.

Walt installa sa mère dans la chaise à bascule près de la fenêtre et appela Jeff de toute sa voix. Son plus jeune frère avait quinze ans, des yeux honnêtes et clairs et la bouche plaisante et douce de sa mère ;

il arriva, et derrière lui Walter Whitman, portant ses outils dans une vieille caisse noire. Devant ce public, Walt raconta rapidement sa rencontre avec M. Mc Clure, l'offre de ce dernier, ses propres raisons d'accepter et finit en disant qu'il emmènerait Jeff si la famille le lui permettait, et que demain soir ils se mettraient en route pour le Sud.

Louisa était la résignation même, mais elle dit à Walt que c'était une grande responsabilité d'emmener Jeff qui avait besoin de beaucoup de sommeil et devait porter de la flanelle — ce que Jeff s'empressa de démentir, mais son excitation était si grande qu'il ne trouvait pas de mots pour dire qu'il était capable de travailler n'importe où, dormir n'importe comment et manger n'importe quoi. Walter Whitman but son café en remarquant que la mère de Jeff avait tendance à le dorloter trop et que le président Jackson avait gagné une grande bataille à la Nouvelle-Orléans. Puis il s'en alla silencieusement à son travail. Louisa emballa pour Jeff les objets qui lui paraissaient indispensables, et Jeff les retirait subrepticement au fur et à mesure, comme inutiles. Walt alla patiner.

Quarante-huit heures plus tard, les deux Whitman étaient partis pour Baltimore. Jeff admirait le calme de Walt et sa superbe connaissance du monde ; il posait tant de questions à son grand frère qu'il en oubliait d'écouter les réponses. Sa curiosité était perpétuellement éveillée. La traversée des Alleghanies lui donna des émotions terribles parce que, dans le sombre intérieur de la diligence, il s'imaginait à chaque arrêt sur la route que des brigands les attaquaient, et à chaque secousse il se voyait déjà dégringoler dans l'abîme au bord de la route. A Wheeling ils s'embarquèrent sur le *St-Cloud*, un vapeur comme Jeff n'en avait jamais vu, brillant de cuivre et retentissant du son de cloches innombrables. Ils descendirent l'Ohio, passèrent Cincinnati, Louisville, Cairo, puis ce fut le Mississipi et enfin les quais indolents, odorants, ensoleillés de la Nouvelle-Orléans. Jeff absorbait les impressions comme un éponge s'imbibe d'eau ; Walt lui-même n'avait jamais été si heureux. Tout l'intéressait profondément, les grands fleuves et leur mouvement de circulation les nouveaux types d'humanité, les colons aux yeux durs, les femmes aussi fortes que les hommes, car les plus faibles mouraient vite, usées par les enfantements successifs, le travail manuel, les privations et la fatigue ; les joueurs professionnels en redingote, le visage sans expression, des manières polies et, à la ceinture, le pistolet toujours prêt ; les grands planteurs qui venaient chercher leur courrier et bavardaient avec le capitaine autour d'une bouteille d'eau-de-vie sur la campagne des Whigs et l'inquiétude grandissante du Sud.

Tout cela s'inscrivait dans son esprit comme dans un livre. Une fois installé dans ses fonctions au *Crescent*, il emplissait ses articles de temps en temps de ces impressions et de ces observations nouvelles, sans cohérence et en une prose assez plate, mais il en restait quelque chose qui lui servit plus tard.

La Nouvelle-Orléans les prit sous son charme tout de suite. Ils s'installèrent dans un vieux logis bas de plafond qui donnait sur une cour ensoleillée et pleine de bougainvilliers grimpants. Tout en allant au bureau à sa fantaisie et à ses heures, Walt écrivait pour le *Crescent*. Dans ses articles il traçait des croquis des types rencontrés par la ville ou sur le fleuve, la créole marchande de fleurs, le vendeur d'huîtres, un roulier irlandais, tout cela aimable, sans subtilité ni grand raffinement, car l'esprit de Walt en était encore à une période d'acquisition. Écrire d'ailleurs l'intéressait moins que se promener ; tous les jours il flânait : au vieux marché français, dans les rues étroites toujours pleines d'une foule colorée, le long des quais, dans les vieux jardins où il buvait de petits verres de vin en admirant les belles créoles qui le remarquaient de leur côté, séduites par sa grande stature et son teint, ce teint fameux de bronze rouge.

A l'époque où il vivait chez les Brenton à Jamaïca, époque troublée et turbulente de sa vie intérieure, Walt avait désespéré de ne jamais plaire aux femmes, de ne jamais aimer ou être aimé. Il avait écrit dans le *Long Island Democrat* avec une amertume de petit garçon au fond du cœur :

« Je me garderais bien de dire quoi que ce soit des femmes, parce qu'il ne convient pas à un modeste écrivain comme moi de parler d'êtres dont il ignore tout concernant la nature, les habitudes, les opinions et les manières. »

C'était vrai à Jamaïca, mais ses allées et venues perpétuelles parmi les foules l'avaient rendu extrêmement sensible à la beauté féminine, et de plus il avait découvert que des femmes et même de jolies femmes, pouvaient l'aimer sans arrière-pensée. Leur abandon complet d'elles-mêmes l'avait quelquefois effrayé. Il songeait à la jeune femme qu'il avait tenue entre ses bras la nuit de sa rencontre avec Mc Clure : cet amour qu'elle lui portait lui semblait une chose qui ne le concernait en rien. Elle l'aimait et ne l'oubliait pas tandis que lui, toujours poli et tendre, ne pensait à elle que rarement. Elle n'était pourtant pas une femme facile. Elle n'avait qu'un amant, Walt, et qu'un amour, celui qu'elle portait à Walt, et quand l'amant était absent, ce qui arrivait souvent, l'amour était son seul souci.

Il était plus sensible à la Femme qu'aux femmes. Paresseusement, dans la rue, son intérêt s'éveillait au passage d'une octavonne qu'il suivait du regard ; un seul bout d'étoffe drapait en le révélant son corps magnifique, à la fois ferme et abandonné. Elle le regardait de ses larges yeux sombres qui brillaient dans une face d'un olive chaud. Elle souriait ; offre, désir, attirance, ignorance. Walt souriait aussi et secouait la tête. Elle haussait les épaules ou plutôt faisait un geste de tout son corps gracieux et se perdait déçue et sans rancune dans la foule.

Au titre de journaliste et d'homme de lettre, Walt avait été présenté à une très belle créole, entre deux valses, à un bal où il était venu, — habitude nouvelle pour lui, — en cérémonieux habit du soir. Elle avait une vingtaine d'années, de la naissance et de la fortune. Pour finir son éducation, on l'avait envoyée à Paris. Là, elle avait oublié les idées étroites du couvent de la Nouvelle-Orléans, sous l'influence des opinions de George Sand sur la vie et la morale. Bien entendu, il était défendu de lire dans sa pension les œuvres de cette femme vigoureuse, qui était alors occupée, fort mal à propos, à souffler bruyamment dans la flûte fragile du mystique Lamennais. La jeune créole lut George Sand avec passion, son cœur palpita à l'histoire de sa vie, à ses amours avec des hommes de génie. Elle rejeta avec mépris le mot de Jules Sandeau, le premier de ses amants. Ayant cru que Sandeau lui était infidèle, l'impulsive George l'avait quitté et avait écrit à Sainte-Beuve que son cœur était un tombeau. Quelques années plus tard, Sandeau avait remarqué plaisamment et non sans quelques raisons qu'on pouvait plutôt dire une nécropole. Pour la jeune Américaine, c'était une impertinence impardonnable. Elle ramena à la Nouvelle-Orléans le culte de George Sand.

L'indolence de sa ville natale lui sembla, après Paris, traînante et un peu ennuyeuse. Sa fortune, sa grande beauté, son visage charmant lui attirèrent de nombreuses demandes en mariage, mais dans son cœur l'idole de son culte protestait, et, à sa surprise, elle lui obéit. A vingt-cinq ans elle se trouvait fêtée, admirée, mais sans prétendants sérieux ; les jeunes gens sentaient trop en sa présence qu'ils lui étaient inférieurs ; leur amour-propre blessé les menait vers d'autres salons, moins charmants, mais plus accessibles. C'est alors qu'un soir, à une danse plus ennuyeuse encore que de coutume, elle avait vu Walt. Quelque chose dans son attitude d'indifférence sublime pour la foule, qu'il dépassait comme une tour, l'expression de bonté de ses traits réguliers et classiques, l'avait forcée à demander qu'on le lui présentât.

Elle lui avait parlé de la littérature française, de la prose étincelante de Stendhal, des crayons délicats de Musset. Il l'avait écoutée avec une attention flatteuse en la regardant dans les yeux, en la caressant de son regard. Il ne tint pas de beaux discours, mais l'admiration éclatait sur son magnifique visage comme des armes royales sur un blason.

Elle apprit qu'il était un auteur connu dans le Nord, un jeune homme de distinction avec un bel avenir. Walt vint la voir et conçut pour cette femme-joyau une brûlante passion toute primitive et sans réserves. Il rejetait les petits goûts littéraires de la jeune femme comme on rejette la coque qui cache une amande délicieuse, et savait qu'elle était belle, d'esprit comme de corps. Une nuit, cédant peut-être aux conseils de George Sand restés encore vivaces dans sa mémoire, et surtout poussée par le désir de ses nerfs insurgés, elle s'abandonna au pouvoir et à la sereine supériorité de cet homme, se donna à lui tout de suite, humble, glorieuse.

Pendant deux mois, Walt vécut dans une sorte de rêve. Le jour était consacré au *Crescent* et à ses vagabondages, car rien au monde n'aurait pu diminuer son intérêt pour les rues et les foules, mais la nuit était consacrée à cette femme qui lui avait soudain révélé cette part de la vie qu'il avait si longtemps langui de connaître, mais qu'il n'avait encore qu'entrevue par éclair. Il passait avec elle, la Femme, et non cette particulière femme, de longues heures de parfait accord, physique et moral. La tendresse féminine surpassait la sienne en sagesse et en sacrifice. Mais inévitablement un jour vint où l'on entendit une sorte de tocsin étouffé : c'était l'idée de l'union éternelle. Ils comprirent désagréablement que leurs besoins mutuels avaient été satisfaits et qu'il y avait danger de continuer à se voir. Le tempérament de Walt n'était pas fait pour une existence arrêtée ; déjà il souhaitait revenir dans le Nord, car Jeff, loin de profiter, languissait dans l'air lourd et chaud de la Nouvelle-Orléans. La jeune femme avait satisfait sa passion du romanesque et son amour pour Walt avait atteint le moment où il valait mieux en faire un souvenir.

Quant à Walt, maintenant riche du monde nouveau qu'elle avait mis à ses pieds, ce n'était plus une expérience individuelle qui l'intéressait, mais l'étude générale de tout le sexe féminin.

Ils se quittèrent amants. L'un et l'autre sentaient qu'ils avaient gagné beaucoup. Le jour suivant, Walt et Jeff partaient de la Nouvelle-Orléans. Dans le cœur d'une belle femme le culte, jadis consacré à George Sand aux multiples amours, était dédié à l'idole d'un amour unique.

CHAPITRE X

Walt avait vingt-neuf ans et des cheveux gris. Ils n'étaient plus d'un noir de jais, ces cheveux pleins de reflets, et cette barbe dont il était si fier à l'époque du *Daily Aurore*. Ils étaient encore tout aussi abondants et sa barbe était bien plus épaisse. Sa tête avait déjà alors une patriarcale magnificence. Les expériences de ces temps derniers avaient donné à sa bouche une certaine sensualité, et à ses yeux un regard un peu vague, que ne corrigeait pas encore la stabilité et la connaissance de soi dues à la pleine maturité.

Accompagné toujours de Jeff enthousiaste et curieux, il revint du Sud sans se presser, remonta le fleuve jusqu'à La Salle, puis voyagea par les canaux jusqu'à Chicago. Ils visitèrent Milwaukee sur le lac Michigan, et Détroit sur le lac Huron. A Cleveland, Jeff ressentit le mal du pays ; une cuisine éclairée, aperçue de la rue, avait évoqué en lui le douillet coin du feu de Louisa et sa tendre protection. Ils s'arrêtèrent encore tous les deux à Buffalo et regardèrent, pleins d'une agréable horreur, l'effrayante chute du Niagara, mais Walt ne s'amusa pas trop en chemin.

Par un beau midi d'été, ils se trouvèrent sur le

bac et deux heures plus tard ils se précipitèrent en ouragan chez Louisa. Elle dormait, dans la chaude lumière qui jouait sur les carreaux de sa cuisine immaculée, sa chaise à bascule près de la fenêtre contre laquelle de l'autre côté, les lilas frottaient leur nez.

Tabitha, deuxième du nom — sa mère était la chatte de West Hills qui ignorait tout le monde sauf Louisa — ronronnait à ses pieds si fortement que ses moustaches en tremblaient. Louisa se réveilla avec placidité, Tabitha avec inquiétude. Jeff assis sur ses talons commença un récit qui interrompit celui de Walt. Walt souleva Jeff, lui mit une main sur la bouche et bombarda sa mère de questions. Comment allait-elle ? Elle n'avait pas été malade ? Comment allait le père ? Est-ce qu'il pourrait avoir son lit ? Louisa lui répondit selon son désir, mais aperçut Jeff indigné, les yeux hors de la tête. — Pose-le par terre, Walt, par pitié. Mon Dieu, ne l'étouffe pas, ce garçon.

Jeff reprit son récit épique comme s'il n'avait jamais été interrompu, Walt sortit et alla s'accoter à la haie qui séparait la petite cour de la rue. Des personnes de connaissance qui passaient, s'arrêtèrent. On lui tapa dans le dos, on lui demanda si le Sud exerçait déjà son armée et comment étaient les femmes là-bas. Quelques-uns, peu nombreux, s'informèrent de ses projets. La plupart des gens pensaient que la nature pourvoyait probablement à son existence ; ils savaient qu'il était incapable de travailler comme ils le comprenaient, mais depuis longtemps ils ne lui reprochaient plus sa paresse et seulement se demandaient quelquefois comment un tel manque de goût au travail n'entraînait avec lui aucun des maux traditionnels, l'abjecte pauvreté, la bouche tombante, l'œil hagard du fainéant-né. Les plus curieux n'apprirent rien de précis sur les projets de Walt. Une ou deux fois il avait pensé ouvrir une librairie ou rédiger un journal, ou les deux. Le chapeau penché sur les yeux, le dos et le coude appuyés négligemment à la barrière, les jambes croisées, une brindille à la bouche, il songeait avec plaisir à ses dernières aventures, sûr d'avoir enrichi ses impressions.

Ses trois frères et sa plus jeune sœur revinrent à la maison pour entendre le merveilleux conte de Jeff, illustré de vignettes sans nombre : coins pittoresques de la Nouvelle-Orléans, majesté du Mississipi d'argent, gigantesque orchestre du Niagara. Ils n'en crurent pas un mot, mais ne se montrèrent pas moins aimablement enthousiastes. Eux aussi demandèrent à Walt ce qu'il avait l'intention de faire, sans espoir d'ailleurs de le voir changer et gagner régulièrement sa vie et se faire une place dans la communauté. Ils savaient qu'il était incorrigible et qu'il n'avait aucun des sentiments de responsabilité d'un bon citoyen. A leurs suggestions et à leurs prêches, il se contenta d'opposer un sourire caressant : « Fameuse journée pour aller se baigner. » Ils éclatèrent de rire, moins de lui que d'eux-mêmes et s'en allèrent à leurs besognes respectives se demandant vaguement si la règle qu'ils avaient choisie comme base de leur vie, était après tout la bonne et celle qui finalement leur apporterait le bonheur.

Walt passa ainsi la première semaine à Brooklyn après son retour du Sud, toujours une brindille au bec, rêvant de son séjour à la Nouvelle-Orléans et passant les après-midi de ce mois de juin à nager, sans se soucier de son avenir. Un jour qu'il descendait en flânant le long de Myrtle street, un buggy attelé d'un bai pur-sang, s'arrêta devant lui. Le juge Samuel E. Johnson, son chapeau haut de forme posé très en arrière sur son front ruisselant, jeta les rênes au jeune Irlandais qui lui servait de groom, et descendit par-dessus la roue. Le juge était démocrate, mais comme Walt, il professait des opinions sur l'esclavage bien plus extrêmes que celles du gouverneur Cass et de la fraction modérée de son parti. Il détestait les Faces de Pâte sans être un Brûleur de Granges ; il avait été furieux d'apprendre que Walt avait dû quitter l'*Eagle* et le fut bien davantage quand il se rendit compte que ce journal ne soutenait plus que les opinions et les principes officiels du parti. Le juge Johnson était un homme influent, il n'était pas le seul à Brooklyn dont les sympathies allaient aux libéraux et qui souffraient de ne pas avoir dans cette ville un organe extrémiste.

« Créons cet organe », dit le juge. On réunit de l'argent, des collaborateurs, un simple outillage. On trouva un local, Orange street. Il ne manquait qu'un rédacteur en chef de la nuance politique voulue, qui sût donner dignité et force à la page éditoriale. La nouvelle du retour de M. Whitman était arrivée aux oreilles du juge. Voilà l'homme qu'il fallait, et quelle adroite revanche sur l'*Eagle*. Le juge Johnson mit sa grosse main sur l'épaule de Walt et l'emmena loin du groupe des badauds qui avaient reconnu l'élégant cheval et le petit groom.

— Eh bien, M. Whitman, si vous êtes libre, je pense que c'est une position pour vous. Vous con-naissez Brooklyn, vous connaissez New-York et vous connaissez la politique. Acceptez le *Freeman* et nous balayerons ces Faces de Pâte dans la rivière et ce sera tout profit pour la bonne cause. Qu'en dites-vous ? Un bon traitement et une occupation agréable, combattre pour un pays libre, et au diable l'esclavage et les compromis ! Ne nous faites pas faux bond.

Walt n'en avait nullement l'intention. Il accepta aussitôt et serra la main du juge, avec enthousiasme. Il était enchanté de l'occasion de partir pour une nouvelle croisade. Il y avait maintenant des mois qu'il n'avait eu les moyens de dénoncer les menées poltronnes et hypocrites, à son avis, des démocrates devant la fureur intimidante du Sud. Il revint chez lui transporté de joie, et quand, après souper, son frère George demanda incidemment si jamais un jour il pourrait gagner sa pitance, Walt lui bourra les côtes, sauta en l'air et annonça calmement que le lundi suivant le verrait assis dans le fauteuil directorial du *Freeman*, hebdomadaire brooklynois d'opposition, qui dénoncerait la honteuse trahison du parti démocrate. « De plus », ajouta-t-il, s'opposant à la contre-attaque de George en écrasant complètement le jeune homme dans ses bras, « c'est le juge Johnson qui m'a offert le poste au nom des honnêtes gens de Brooklyn. Attrape. »

Le *Brooklyn Daily Advertiser* donna le 23 juin 1848 avis de la fondation du *Freeman*, avec comme rédacteur en chef Walt Whitman.

Louisa en fut toute fière, mais ses frères ne lui offrirent que des félicitations cyniques. Ils reconnaissaient bien la valeur de Walt comme journaliste, mais ils se demandaient, entre eux, combien de temps vivrait le *Freeman*. Quand son premier éditorial parut, ils le lurent avec une admiration sincère. Le vieux frère pouvait être fainéant la plupart du temps, mais, quand il écrivait, il envoyait ses ennemis au diable, en prose comme en poésie.

Au moment où ils lisaient le premier numéro et que Walt était en train de préparer à la cuisine un article éditorial pour le lendemain, Jeff se précipita dans la pièce avec la nouvelle que la ville brûlait. Orange street était déjà en flammes et le feu menaçait Myrtle street. En un instant la cuisine fut vide, même Louisa courut à la porte et vit, le cœur serré, une lueur rouge couronner le ciel. On entendait au loin le rugissement des flammes. Désespérée, elle courut dans la maison pour réunir les objets familiaux en petits paquets, priant que sa force ne l'abandonnât pas quand le feu se balancerait soudain au toit des maisons voisines. Au fond de sa pensée, il lui restait, calme et bénie, la pensée de West Hills. La ville était faite de mal, et le mal venait des villes.

Elle entendait des cris et le bruit de pas rapides dans la rue. Tabitha, la queue en l'air, surveillait sa maîtresse avec un mépris muet. Le bruit des pas augmentait comme la tambourinade d'une averse qui redouble, Louisa prit Tabitha dans ses bras et courut dehors. Un homme qui venait de l'incendie lui dit qu'il était maîtrisé, mais que le quartier des affaires était en cendres. Elle glissa à genoux sur le seuil, ses prières étaient maintenant des actions de grâce. Le vent était lourd de fumée et les escarbilles qui glissaient dans l'air en nuages paresseux ressemblaient à des galères de pirate, à la coque et aux voiles noires.

Lentement, par groupes de trois et quatre, les combattants des flammes commencèrent à revenir. La lueur dans le ciel diminua d'éclat et le rugissement avide ne fut plus qu'un lourd murmure. Son mari rentra, et après lui, ses fils, silencieux, leurs yeux blancs dans des faces noires de suie. Des cinq jeunes hommes, Walt semblait le moins las et le moins abattu. Il fit des discours à ses frères muets sur l'admirable volonté du feu, jamais battue, n'hésitant jamais et toujours dévorant bruyamment sa proie.

La famille veilla tard. On débarbouilla des mains et des visages farouches. Louisa pansa Jeff qui s'était blessé au doigt dans son ardeur à porter secours ; elle n'écouta rien et ne voulut rien entendre sur l'incendie. Elle ne remarqua même pas la remarque sombre de George qui se plongeait la tête dans un seau d'eau sur la table de la cuisine :

— Dieu ne veut vraiment pas que Walt travaille.

Mais elle comprit le lendemain. Les bureaux rédactoriaux du *Freeman*, outillage entier et mobilier, avaient été réduits en cendres. Elle en fut comme étourdie. Walt était de nouveau sans travail et les dépenses du ménage auxquelles il participait, quand il avait de l'argent, retombaient lourdement sur les épaules du père et des frères.

Le juge Johnson et les commanditaires du journal firent tous leurs efforts pour le remettre à flot, mais l'argent rentrait lentement. L'été passait, et l'ancien rédacteur se trouvait toujours agréablement sans occupation, se promenant sur les bacs, sur les omnibus de Broadway avec ses vieux amis les cochers, ou faisant de longues excursions à pied dans Long-Island, le long des routes qu'il connaissait si bien, passant devant les fermes à hauts pignons dont tous les habitants le saluaient joyeusement et s'efforçaient de le retenir.

De temps en temps, il travaillait toute une journée dans une imprimerie, à composer, l'esprit ailleurs, rêvant à la mémoire parfumée de la ravissante femme qui avait été sa maîtresse, aux nuits enchantées où le clair de lune semblait chargé de l'odeur de tout le jasmin du monde, à d'autres souvenirs fragiles. Il écrivit par à-coup dans des journaux variés, des paragraphes courts, sans importance, qu'à son étonnement il n'avait même pas plaisir à rédiger. Les mois passés dans le Sud l'avaient transformé, mais ses nouveaux goûts n'étaient pas encore entrés dans ses habitudes de vie. Il était inquiet, agité ; dans son esprit tourbillonnaient les idées et les impressions. Il se troublait à la merveille d'un matin automnal et quelque chose en lui demandait à exprimer cette beauté. Bien qu'il eût vu beaucoup de matins semblables, celui-ci semblait lui révéler le miracle du monde entier, des êtres humains, des couleurs, des formes, des sons, des sentiments. Tout tremblant, il jetait sur un bout de papier des mots et des phrases, dont le mélange dans sa tête chantait comme un hymne barbare. Il était heureux d'une silhouette de femme passant dans la rue, du rythme de son pas, de l'attitude de sa tête. Il était heureux du spectacle d'un homme large d'épaules et mince de hanches, au visage couvert de sueur, aux mains salies de boue. L'existence de ces êtres lui donnait de la joie.

Et, pendant ce temps, ses frères le harcelaient, chacun lui donnant son avis sur des métiers variés qu'on lui conseillait. Ils étaient interloqués de voir qu'il reconnaissait si tranquillement sa paresse. Quand ils revenaient du travail, ils le trouvaient toujours accoudé à la barrière, son teint magnifiquement coloré sous ses cheveux gris et dans ses yeux un regard si profond qu'ils n'y pouvaient éveiller de lueur d'intérêt personnel ou d'intimité.

Septembre se passa. Vers la fin d'octobre, Walt revint un soir, les yeux vifs et pleins d'espoir. Il avait vu le juge Johnson et son groupe, le noyau extrémiste du parti démocrate. On recommencerait le *Freeman*. Louisa soupira, soulagée. L'hiver était proche et Walter Whitman se faisait vieux. La vie était chère aussi. Quant aux frères de Walt, ils rirent et lui demandèrent affectueusement si l'incendie de la ville n'avait pas éteint son ardeur contre les Faces de Pâte.

CHAPITRE XI

« Le feu a entièrement détruit notre installation
et a bouleversé tous nos projets. Nous avions peu à
perdre, mais rien n'a pu être sauvé et de plus, nous
n'étions pas assurés. Nous recommencerons, et nous
irons de l'avant. Sourires ou grimaces, sympathies,
antipathies, nous établirons un journal extrémiste
dans le comté de King. Les amis des Principes Libéraux continueront-ils encore à marchander chiche-
ment leur appui ? »

Ainsi s'exprimait Walt dans le *Freeman* du 1er novembre. Le *Brooklyn Evening Star*, de la date, le
commente. A la joie non déguisée des rédacteurs
Whigs, les démocrates avaient enfin commencé d'engager la bataille entre eux.

Les conservateurs se rallièrent autour de l'*Eagle* et
proclamèrent sur les toits les vertus de Lewis Cass,
au milieu des hurlements moqueurs des Brûleurs de
Granges, criant « à bas les Faces de Pâte ». Walt
écorcha à vif l'opposition dans les colonnes du *Freeman* ; le poison de sa lame n'avait rien de subtilement
borgiesque, c'était un venin gaillard, anglo-saxon, qui

blessait et enrageait les rédacteurs ennemis dont l'expérience et le savoir étaient moins étendus et moins exercés.

Le juge Johnson et les autres protecteurs de Walt rentraient le soir en voiture agitant leur chapeau d'une main, le *Freeman* de l'autre et s'embrassant de joie. Aveuglés par la gloire de la bataille de leur parti, ils ne firent pas attention au plaisir félin des Whigs et de M. Henry A. Lees en particulier. Cet astucieux bonhomme publiait le *Brooklyn Daily Advertiser*, le principal journal Whig, et il ne manquait jamais une occasion de détourner de son parti les attaques des démocrates. Il faisait remarquer dans ses articles, soit à Walt, soit au rédacteur de l'*Eagle*, que l'un d'eux venait justement de dire un mal infâme de l'autre en public — bien pis, qu'il avait insulté le glorieux idéal. Cette grossière et ancienne perfidie réussissait instantanément, et dans les numéros suivants les démocrates ennemis passaient sous silence les mensonges whigs, pour s'insulter mutuellement avec une amertume accrue. Lees se promenait comme Janus double-face, un sourire dans chaque direction, mais le visage qu'il gardait pour ses amis était franchement hilare.

Les frères Whitman étaient enchantés des féroces accusations de Walt ; ils se passaient de main en main un exemplaire fatigué du *Freeman*, hurlaient « vas-y » en le lisant, se tapaient les cuisses, et savouraient ses sonores phrases de mépris comme des morceaux de haut goût. Le jour des élections avait amené un calme temporaire, mais la défaite écrasante de Cass et le triomphe de Zachary Taylor et des Whigs n'étaient, semblait-il, qu'un incident dans le schisme des démocrates, sans importance capitale. Lees souriait sans arrêt, l'*Eagle* accusa le *Freeman* de poignarder le parti dans le dos, et le *Freeman* répliqua que les Whigs valaient infiniment mieux que les Faces de Pâte. C'était fort amusant. Walt avait pris l'attitude active de l'homme d'affaires et il confondait son père avec des devinettes politiques auxquelles le vieux charpentier ne répondait rien, mais marmottait entre ses dents avec entêtement que puisque Jackson avait été un démocrate régulier, il était donc lui Whitman démocrate régulier.

Le 25 avril 1849, le *Freeman*, jusque-là hebdomadaire, devint quotidien. On augmenta son personnel, on perfectionna son outillage.

Les gens de l'*Eagle* virent avec déplaisir ces préparatifs pour une attaque plus vigoureuse ; ils avaient espéré que ce tempétueux David oublierait vite sa fronde et ses cailloux, mais pas du tout, il s'armait davantage. L'été retentit du bruit de la bataille et l'automne ne vit pas de trêve.

Un jour, tout à fait à l'improviste, un vent de joie et de paix souffla dans les bureaux de l'*Eagle* : Walt donnait sa démission du *Freeman*. L'as de l'opposition, tout aussi convaincu et ardent, se sentait cependant fatigué de la régularité des heures et de la monotonie de son travail. Dans le *Freeman* du 11 septembre, il fit ses adieux féroces que l'*Eagle* commenta avec enthousiasme :

A partir de ce jour, je me retire entièrement du *Brooklyn Daily Freeman*. Ceux qui ont été mes amis, je saisis cette occasion pour les remercier d'un cœur reconnaissant. Mes ennemis et en général tous les vieux conservateurs, je les dédaigne et je les défie comme toujours.

WALTER WHITMAN.

Le personnel de l'*Eagle* éclata spontanément en applaudissements :

— C'est le plus enragé dur-à-cuire.

— Faut qu'il se batte comme il respire.

Walt retourna avec sérénité à une vie de paresse comparative, bien qu'il continuât à collaborer aux journaux. Comme il l'avait dit, il dédaigna et défia comme auparavant les conservateurs, et les conservateurs commencèrent à le trouver un fouet trop cinglant. En 1850, M. Lees, de l'*Advertiser*, engagea ses services pour écrire, sous l'anonymat, des articles sur Brooklyn, mais n'en continua pas moins à se servir de Walt pour irriter les démocrates conservateurs. Dans le *New-York Tribune* du 14 juin de cette année, parut un poème de Walt intitulé : *La Maison des Amis.* M. Lees le lut et se leva de sa table de travail avec un bond de joie.

— Eh, George, appela-t-il.

George apparut, tout essoufflé. Il était digne mais petit ; l'*Advertiser* ayant peu de garçons de bureau, sa vie était fort active.

— George, continua M. Lees avec bonne humeur, ce poème avec mon commentaire éditorial doit passer dans l'édition qui, si je ne me trompe, est sous presse maintenant. File.

George fila et le bruit de ses pas actifs convainquit son patron qu'il ne perdait pas de temps.

Le *Daily Advertiser*, dans cette édition, contint ceci :

« Quand nos amis les *locofocos* (démocrates extrémistes) se brouillent, ils s'amusent quelquefois à dessiner leurs portraits. Le schisme entre les conservateurs et les Brûleurs de Granges a été particulièrement riche en intéressants spécimens de littérature descriptive. Le plus amusant, c'est que ce que les uns disent des autres est presque toujours vrai. Voici un spécimen qui montre comment un jeune démocrate, maître Walter Whitman, écorche les membres du « parti » qu'il a le plaisir de connaître. Maître Walter a évidemment une très pauvre opinion de ses vieux compères, mais qui peut s'en étonner ? Il a travaillé au *Brooklyn Eagle* assez longtemps pour connaître la façon d'agir de la « démocratie » de Brooklyn. Voyez comme il en parle ; nous tirons cette citation d'un drôle de petit poème dans un journal New-Yorkais :

Virginie, mère de la grandeur,
Ne rougis pas d'être aussi la mère des esclaves.
Tu aurais pu donner naissance à de plus vils esclaves.
— Ces Faces de Pâte, ces reptiles, ces poux de l'huma-
    nité,
Ils savent hurler pour la Liberté,
Mugir et brailler jusqu'à éclater.
Mais s'ils n'étaient pas incapables d'un crime auguste,
Ils vendraient l'espérance des mondes pour un verre d'eau-
    de-vie.
Vers du fumier, grouillant à terre,
Un dollar leur est plus cher que la bénédiction du Christ,
L'idée d'un gain plus que tout amour, tout espoir.
Ils passent dans la vie enveloppés d'un suaire.
Les angoisses des héros,
Les actions d'éclat qui font pâlir d'envie les dieux,
L'appel de détresse d'un monde qui se noie, le cri des
    femmes,
Le rire exaltant des empires qui s'unissent,
Ne toucheraient jamais leur cœur,
Mais seulement leur poche.

A cette mise en accusation brutalement séparée de son contexte, M. Lees avait ajouté le commentaire suivant :

« Eh bien, au total et pensant aux occasions dont maître Walter Whitman a « joui » pour faire une étude complète et honnête du « parti », il y a toutes les chances pour qu'il nous donne quelque chose d'assez exact. Mais, maître Walter, c'est bien méchant à vous de dénoncer vos frères, bien méchant. »

Muet de rage, l'*Eagle* dut bouillir à petit feu ; Walt lui-même fut très ennuyé, mais comme ses rapports avec l'*Advertiser* étaient anonymes et qu'il ne voulait pas priver sa mère de l'argent qu'il en recevait, il ne put que montrer un mécontentement digne. M. Lees lui répondit par un regard triste : il se rendait compte maintenant, disait-il, de la gaffe qu'il avait faite.

Quand Walt fut sorti de son bureau, le joyeux M. Lees se frappa les cuisses et rit pendant cinq minutes.

« Sale tour pour Walt, mais bon Dieu, que c'est drôle. Les démocrates pourront fermer boutique. »

Walt éclata, une fois rentré : la basse plaisanterie de M. Lees était indigne d'un honnête journaliste ou d'un honnête homme. Il continua à travailler pour l'*Advertiser*, mais il se passa un certain temps avant que les manières aimables de son patron pussent lui rendre son habituelle bonne humeur.

Après de longues réflexions, il pensa que comme conférencier il ne manquerait pas de se faire une situation. Avec son enthousiasme coutumier, il s'attela aussitôt à la composition de plusieurs conférences, sur l'art, sur la littérature, sur une multitude de sujets. Il laissa traîner ses notes par toute la maison, à la consternation de Louisa qui n'entrait jamais à la cuisine sans en trouver dans le bûcher ou par terre, à la merci des courants d'air. Il n'en prononça jamais qu'un très petit nombre.

Walt parla devant le public à la salle de l'Union des Arts de Brooklyn, le 31 mars 1851. Sa mère et son frère George étaient là ; Louisa, palpitante, George, calme au dehors, mais ému au dedans. Walt parla longuement, avec une belle imagination, sur une quantité de sujets qu'il avait probablement essayé de fondre en un tout. Il fit une description touchante de la mort de Rousseau, dont tous les détails avaient été entièrement inventés par lui, et peignit un tableau qui tira des larmes à bien des auditeurs. Il décrivit la Création avec couleur et magnificence, puis, peu après, traita de la mort dans l'art grec. Louisa était légèrement désorientée, son esprit était encore plein des Grecs et de leur art, que Walt avait déjà entamé une péroraison sarcastique sur la mise du dandy américain vers 1850.

George n'avait jamais tant admiré son frère : comme Walt vous avait traité de ces sujets et avec quelle voix ! A dire vrai, la voix de Walt n'avait rien de cet instrument de force sonore que les orateurs entre 1840 et 1850 employaient pour séduire leurs auditeurs. A côté des géants oratoires de l'époque, les Webster, Everett, Calhoun, Clay, Stephen A. Douglas, que toutes les personnes de qualité avaient entendues une fois ou l'autre à Brooklyn, la voix de Walt semblait mince, ses apostrophes paraissaient artificielles et ses crescendos pitoyables, peu en rapport avec son air de colosse solide. Néanmoins, il lui aurait fallu peu pour paraître superbe. Il impressionnait son public plus que n'aurait pu le faire un orateur conventionnel : la crinière et la barbe grises, le cou comme une colonne de bronze, dans un col ouvert : les épaules massives, tout lui donnait l'air d'un athlète prématurément grisonnant. Sa mise était loin de l'habit et de la fleur à la boutonnière d'il y avait dix ans. Le vêtement qu'il portait maintenant était gris et rude et ses pantalons rentraient dans des bottes mal cirées et mal coupées.

La conférence finit sur des affirmations prophétiques ; il y eut de nombreux applaudissements et George se sentit plus fier que jamais. Louisa était radieuse du succès de Walt, mais elle soutenait dans le privé que ce qu'il avait dit était assez embrouillé. Ils rentrèrent tous trois ensemble. Louisa réunit tous les manuscrits qu'elle avait trouvés un peu partout dans la maison, George fut stupéfait du nombre.

— Comment, il en a écrit une pleine charretée, dit-il à sa mère. S'il a du public à chacune de ces conférences, il sera riche.

La mère et le fils se regardèrent. S'ils pouvaient persuader Walt de s'inscrire à différentes salles pour y parler sur des sujets instructifs, il pourrait en tirer un bénéfice financier sans s'astreindre à des heures de travail régulières.

Walt fut mis sur l'heure au courant de ce grand projet. Il parut intéressé et promit de s'y appliquer.

A l'heure où il se levait, ses frères et son père travaillaient déjà depuis deux heures. Il descendait à la cuisine où Louisa cuisait le pain et s'installait par terre pour lire son ancien journal devenu son adversaire, l'*Eagle*, le dos contre la muraille et ses jambes confortablement étalées devant lui. Chez Louisa on pouvait toujours s'asseoir sur le parquet, qui brillait comme les assiettes chez d'autres ménagères.

Il fut froissé de remarquer que le *Freeman* modifiait son attitude hostile envers les démocrates-conservateurs. M. Lees lui avait dit avec une tristesse sincère qu'une réconciliation entre les conservateurs et les Brûleurs de Granges était inévitable. Tous deux furent du même avis : « un tel rapprochement était honteux. » Néanmoins, les élections de 1852 virent la terminaison de l'ancienne querelle.

A la consternation de Walt, les conservateurs et les Brûleurs de Granges voulant la victoire, ignorèrent toutes les divergences des programmes, jurèrent par le compromis Webster-Clay, signé deux ans plus tôt, enlevèrent l'élection de Franklin Pierce et dispersèrent les Whigs. Pour Walt tout ceci était pis qu'une trahison, c'était de l'imbécillité. Est-ce que ces idiots ne voyaient pas que les compromis, même ceux de ces grands hommes, Webster et Clay ne pouvaient retarder l'abolition de l'esclavage ?

Il lisait un compte rendu de la campagne de Stephen Douglas dans l'Illinois, quand tout à coup sa mère prit peur en l'entendant pousser un sourd grognement et se leva.

— Walt, n'oublie pas de t'occuper de tes conférences aujourd'hui, fils.

Ses yeux prirent une expression effrayée.

— Eh bien, je m'en occuperai, mère, mais pas aujourd'hui. Demain. Cela ira, n'est-ce pas ? J'ai quelque chose à faire aujourd'hui.

Il était parti. Adieu cette riche carrière de conférencier ambulant, pensa Louisa, tranquillement, mais avec un peu de regret. Rien à faire avec ce garçon. Triste

autant qu'elle pouvait l'être — ça ne lui arrivait
pas souvent — elle aperçut un bout de papier blanc
derrière le poèle et le ramassa. C'était une conférence.

Louisa avait raison comme toujours. Walt ne s'intéressait plus aux conférences. De fait, il avait oublié
qu'il en avait jamais écrites. Il pensait à la politique
en allant trouver son père qui travaillait dans un
quartier à demi-bâti de la ville, mais il sentait surtout
renaître en lui le besoin de composer — cependant
pas comme un rédacteur employé régulièrement. Il
chercherait un autre travail et il écrirait pendant ses
moments de loisir. Il oublia la politique en s'aperce-
vant que le jeune printemps avait déjà saupoudré
d'un léger gris verdoyant les arbres sous lesquels il
marchait.

CHAPITRE XII

Walt devint charpentier. A l'étonnement de ses
frères, au léger effarement de Louisa, et même à la
surprise de son père, un beau matin il descendit à une
heure, pour lui, extrêmement matinale. Il salua d'un
bonjour sa famille attablée au petit déjeuner et annonça
que désormais il manierait avec son père la scie et le
marteau et gagnerait sa vie dans la construction. Le
projet des conférences était abandonné. La politique
avait cessé d'avoir une influence vitale sur son esprit.
Il avait été déçu d'apprendre que les démocrates
extrémistes avaient quitté pour de bon leur attitude
de dévouement incorruptible et désintéressé à la cause
publique et étaient allés grossir l'aile conservatrice
du parti. Exprimer la vie dans ses multiples et curieux
aspects, à travers sa propre personnalité, c'était le but
de la vraie création littéraire. Il commençait à s'en
rendre compte. Écrire sur la politique n'en valait pas la
peine, que ce fut dans un esprit de parti ou autrement.
Les hommes qui en font leur métier ne sont capables
de rien, sinon d'utiliser un style alerte et objectif.
Il avait déjà perdu trop de temps en leur médiocre
compagnie ; il pourrait gagner tout autant d'argent

avec un travail manuel, et il serait seul maître de ce qu'il écrirait.

Il pensa à M. Lees et à la pauvre plaisanterie de l'*Advertiser* sur son poème et sur l'indirect objet de ses attaques, les conservateurs de l'*Eagle*. Il se souvint que M. Lees avait appelé *La Maison des Amis* un « drôle de petit poème ». Ce souvenir l'agaça ; il mordit la branche qu'il tournait entre ses lèvres. Pourquoi petit et pourquoi drôle ? Qu'est-ce qu'il y avait de drôle ? Les rimes et les rythmes n'en étaient pas traditionnels. Walt ne possédait pas la faculté de tourner impeccablement des strophes nauséeuses comme le hautain et tout-puissant M. Longfellow. Mais on ne trouve pas qu'un homme est drôle s'il n'est pas habillé de drap fin et de fine toile. Un homme rude n'est pas nécessairement drôle ; son poème était rude, désormais tous ses poèmes seraient rudes. Les poèmes de M. Longfellow portaient drap fin et fine toile. M. Longfellow appartenait à une espèce d'homme, Walt à une autre. Il brisa une autre branche.

Mais les Américains en général étaient de son espèce, rudes, pas toujours polis, la parole dure, la pensée grossière. A New-York, à Brooklyn, partout dans Long-Island, dans le Sud, dans l'Ouest, Walt avait rencontré des hommes qui ne voyaient guère du drap fin qu'une fois dans leur vie et ne pensaient même jamais à la toile fine. En ce sens M. Longfellow et ses poèmes n'étaient pas particulièrement américains. Mais alors, qui donc, dans le groupe littéraire de Boston écrivait de la prose ou de la poésie vraiment américaine ? Lowell ? Peut-être, mais c'était un professeur d'un groupe académique et incapable de connaître de vrais Américains et d'exprimer leur vie. Holmes ?

Également. Thoreau ? La peau trop tendre, plein de préjugés, bon pour les bibliothèques et les bureaux éditoriaux de New-York. Poë, lui, avait été un grand poète, mais lui aussi était plus Européen qu'Américain. Si on y réfléchissait, personne jusqu'ici n'avait encore exprimé le génie natif, la vitalité native des États-Unis. Et il y avait une chose diablement sûre, c'était que celui qui l'exprimerait ne serait pas un de ces types au drap fin et à la fine toile ; ses poèmes devraient être rudes.

Ses yeux examinèrent sa veste et son propre pantalon gris et grossier, ses lourdes bottes pratiques et la chemise simple, propre mais rugueuse. Rudes, comme lui.

Ces pensées l'occupaient presque tout le temps. Brooklyn s'agrandissait ; avec son père il bâtissait, pour les revendre, de simples maisons de bois. Il n'avait jamais gagné tant d'argent, même quand il était appointé à l'*Eagle*, mais son esprit ne se souciait ni du bois de construction, ni même de la genèse mystérieuse de la construction elle-même, les murs, la charpente, le tout, qui prenait forme peu à peu. Son esprit n'avait rien à faire avec le travail de ses mains. Sans cesse il méditait sur l'expression de la vie américaine, de la vraie vie américaine comme il l'avait vue de Brooklyn à Milwaukee et de Mackinaw à la Nouvelle-Orléans.

Walt ne maniait pas les outils avec habilité. Son père le regardait scier une planche en deux, sans pouvoir deviner ce qu'il faisait. Quand il tapait le bois à coups de marteau pour y enfoncer des clous, les autres ouvriers l'observaient avec une joie incrédule. Le bois était tout martelé, mais le clou n'était pas enfoncé. A la fin, une avalanche de coups terribles finissait par l'entrer solidement, mais c'était le bois qui avait souffert le plus. Son père, bon artisan jusqu'au bout des doigts, tirait un trait sur une planche qu'il tenait d'une main et la taillait à la hachette, avec la même régularité et la même précision qu'une parfaite machine. Aussi regardait-il quelquefois Walt avec un embarras pénible. Cependant s'il entendait un camarade se moquer de son fils, il faisait remarquer au railleur que Walt était écrivain, rédacteur de journaux, garçon brillant qui n'avait pas besoin de travailler de ses mains, mais qu'il lui plaisait de le faire à l'occasion.

—Il a l'habitude de clouer le bec à ceux qui parlent trop, observait-il avec un parfait détachement.

Le railleur voyait que l'immense Walt transportait, sans avoir l'air d'y attacher d'importance, un tas de bois de charpente qui aurait été un lourd fardeau pour deux hommes ordinaires. Aussi croyait-il facilement ce que disait M. Whitman ; il lui expliquait qu'il avait voulu plaisanter, sans mauvaise intention. Le vieil homme le regardait de ses yeux rêveurs et étonnés où brillait une petite lueur malicieuse.

George, le frère de Walt, qui ignorait son manque d'habileté à manier les outils, se réjouissait fort. Il montrait à Louisa confidentiellement comment Walt allait enfin gagner beaucoup d'argent et devenir une force stable dans la communauté : « le vieux frère a enfin trouvé sa voie, il va entasser des piles de dollars. » Sa mère se permettait de formuler quelques réserves. Elle avait déjà cru cela auparavant et avait compté dessus. Les souvenirs évoqués en entendant George un soir féliciter Walt, occupé à manger une

tarte aux pommes, lui rappelèrent le *Long Islander*
et le cheval et le buggy. Déjà là, elle avait cru le voir
à l'ancre, elle avait cru à son désir de stabilité. Elle
ne comptait plus les entreprises dans lesquelles son
deuxième fils s'était embarqué et qu'il avait aban-
données peu après, sans explication, mais toujours
satisfait.

George était jeune. Il croyait que Walt n'avait pas
encore trouvé ce qu'il cherchait, qu'il n'avait jamais
encore vraiment satisfait sa vocation. Son travail de
journalisme n'avait été après tout qu'un essai et ses
écrits, un effort vain pour utiliser l'énergie qui aurait
dû trouver sa juste expression dans le travail manuel
régulier et l'effort physique-normal. Les alliés les plus
solides et les plus affectueux de Walt étaient Louisa,
George et Jeff, son frère préféré.

Jesse, son frère aîné, avait déçu tous les espoirs,
son esprit s'était affaibli sans qu'on en sût la cause,
ou du moins on n'en parla jamais. Jesse trouvait
Walt un être bizarre : aucune sympathie commune
ne les unissait et ils se parlaient peu. George confia
en chuchotant à Walt, que Jesse s'était perdu par
une vie de débauche continue. Walt, qui n'avait vu
que rarement son aîné depuis leur enfance, en fut
péniblement frappé. Il chercha à faire parler Jesse,
à l'entreprendre sur des sujets qui les avaient
intéressés tous deux quand ils étaient enfants, mais
le charme des souvenirs resta sans effet. Walt
s'aperçut qu'il ne connaissait pas son frère et qu'il
ne tenait pas vraiment à le connaître. Jesse était
hébété comme si les canaux de son être spirituel
étaient bouchés de crasse. Andrew lui ressemblait.
Avec Edward, le plus jeune, il n'y avait, non plus,

rien de commun. On avait pitié de lui, c'était tout.
Idiot de naissance, on le soignait tendrement, mais cela
fendait le cœur de Louisa d'apercevoir de temps en
temps dans les yeux pitoyablement vides, la vision
fuyante d'un effort terrible pour comprendre. Walt lui
taillait de petits bateaux à vapeur dans des bouts de bois.

George et Jeff étaient faits d'une fibre propre,
ardente et dure. Ils ne comprenaient pas leur frère
flâneur et imperturbable. Ils comptaient inconsciemment sur lui, le sentant solide, et ils l'admiraient sans
le comprendre. Il y avait une force en lui différente
de la leur, qu'ils respectaient.

À la joie et à la surprise de Louisa, les prédictions
optimistes de George à propos du dernier projet de
Walt semblaient se réaliser. Walt ne fait plus, comme
avant, la grasse matinée, pour apparaître quelques
minutes dans la cuisine ensoleillée et disparaître au
dehors, ne revenant qu'après les lampes allumées,
quand son père et ses frères secouent leurs pipes pour
les vider avant d'aller se coucher. Maintenant il est
aussi matinal que son père, il va au travail avec une
régularité dont il est le premier surpris. Il prend sur
lui un livre usé d'avoir tant été feuilleté et d'avoir
traîné dans des poches pleines de clous et d'outils, un
livre qu'il lit à midi tandis que les autres se reposent en
fumant, la tête sur l'oreiller de leur veste roulée et
rêvassant à leurs beuveries. Walt est installé à cheval
sur une poutre, ses pieds pendent à l'intérieur de la
maison en construction ; il lit Homère et Eschyle,
son déjeuner à côté de lui. Sa tête grise penchée sur sa
poitrine massive, a l'air grave. Il lit les poètes français
et apprend par cœur des mots dont la prononciation
le remplit de satisfaction.

Ayant peu l'habitude des langues. il n'a qu'une vague idée de la signification de certains mots, mais il aime les employer parce qu'ils lui paraissent plus expressifs ou plus mélodieux que leurs équivalents anglais.

Repas et repos de midi terminés, le travail bruyant de la construction reprend tout autour de lui ; il range son livre et se remet à son travail manuel, pour lui si curieusement futile. Il le ponctue de la répétition sonore de ces mots mal prononcés, mais impressionnants dans leur ampleur étrangère.

Les petites maisons que le père bâtissait, avec l'aide généreuse et si mal employée du fils, étaient toujours vendues avant d'être finies et la fortune de la famille croissait avec une agréable rapidité. Walter Whitman acheta une plus grande maison et l'on quitta Myrtle street. Louisa avait l'habitude de ces migrations ; des déménagements constants lui avaient appris depuis bien longtemps à ne jamais trop chérir une maison. Pourtant elle quittait toujours la vieille demeure la tristesse au cœur, parce qu'elle y abandonnait chaque fois des souvenirs qui lui étaient devenus chers et qu'elle n'oublierait pas. Parfois il lui semblait que si elle avait pu réunir les ombres de tous ces souvenirs dans chacune des maisons où elle, son mari et ses enfants avaient vécu, elle n'aurait plus à craindre vieillesse, solitude ou douleur. Comme on vit sur les intérêts d'un capital placé, elle vivrait sur ses souvenirs. Mais les souvenirs n'avaient pas de place dans la vie de Walter Whitman ; il semblait plus heureux d'oublier.

Ce fut après qu'ils se furent installés dans la maison de Portland avenue que les opinions de Louisa sur la vraie vocation de Walt se trouvèrent justifiées.

George descendant déjeuner un matin vit avec quelque appréhension que Walt n'était pas à sa place accoutumée. Il était encore au lit. Il ne parut pas, et son père partit tout seul. Le lendemain même absence. George bondit de la table et monta en courant chez son frère. Il trouva Walt dans son lit, recroquevillé, un petit cahier sur les genoux, et des feuilles volantes partout par terre.

— Père t'attend. Walt.

— Eh bien, George, je ne vais pas travailler aujourd'hui. J'ai à écrire.

George le regardait dans un étonnement angoissé.

— Mais Walt, et la couverture de la maison de Frank Holt ?

Walt le regarda en riant : — Je ne suis d'aucune aide aux couvreurs, George, et de plus j'ai fini de construire. Il faut que j'écrive un livre. Demande à mère de me garder du café chaud.

Il écrivit un mot, en souriant, dans le cahier. George tourna lourdement sur ses talons et descendit. Le père eut un soupçon de sourire, il rassembla ses outils et quitta la maison sans attendre.

Louisa avait déjà mis le déjeuner de Walt au four pour le tenir chaud. Avec des yeux étonnés et tristes, George la regardait.

— Walt lâche le travail, mère, il est couché et écrit au lit.

— Peut-être qu'il ne se sent pas bien, mon fils.

— Non, il va bien ; le vieux paresseux est fort comme un taureau.

Sombre, il embrassa Louisa et s'en alla. La mère débarrassa tranquillement la table et lava la vaisselle. De temps en temps elle entendait là-haut la voix de Walt, un mot, une phrase qui résonnait dans la maison silencieuse comme un défi, une prophétie, la parole d'un oracle.

L'HOMME DU JOUR

Caricature de WHITMANN parue en 1872
n° 18 de « *The fifth Avenue Journal* ».

CHAPITRE XIII

« J'eus beaucoup de mal à me débarrasser de la
poétique traditionnelle, j'y réussis enfin. »

C'est ainsi que bien des années plus tard, Walt
enjambe le gouffre presque incroyable qui sépare ses
premiers vers des *Feuilles d'Herbes*. Quand il reste au
lit dans la grande maison de Portland avenue, son
crayon est occupé sans cesse à barrer des mots et des
phrases. Il travaille lentement, luttant pour exprimer
vraiment son être, ses pensées, toute cette richesse
d'impressions et de sensations qu'il a accumulée
depuis que, tout enfant, il hantait les bacs de Brooklyn
et les routes et les rivages de Long-Island. Tard dans
la matinée, il descend à la cuisine et sans sortir de ses
pensées boit plusieurs tasses de café. Il ne regarde
pas le journal. Il répond par de vagues monosyllabes
à la conversation tendre et familière de sa mère.
Puis, armé de ses crayons et de son cahier, de ses vieux
livres et de bouts de papier griffonnés, il part, soit
pour New-York, soit pour Long-Island, composant
et raturant et composant à nouveau. Il reste bien
après que Louisa, à la maison, a éteint la lampe de la
cuisine, parce qu'elle sait qu'il est inutile de l'attendre.

Il a parfois des crises de dégoût subit pour la maison, pour son silence, la vague odeur de cuisine, l'aigre bourdonnement des mouches irrespectueuses, même pour les rares paroles de Louisa à Tabitha. Il part vers un rivage désert, vers une plaine sans limite, il y demeure toute la journée. Quelquefois il dort à la belle étoile, heureux.

Il achève le premier manuscrit de son livre et l'emporte à Orient-Point sur la côte nord-est de Long-Island, pour le lire en entier. Il est si ému qu'il le serre dans sa poche, de peur que par quelque malchance, il ne le perde. Si son livre tombait, il irait se mêler à cette terre, dont certainement il provient. C'est presque en courant qu'il atteint son coin abrité, sur le promontoire battu des vents, une espèce d'arche formée de blocs basaltiques adossés au sable humide à goût de sel. Dans un coin sec, sur du sable blanc et doux, Walt s'assied, enlève son chapeau, et de ses larges mains qui tremblent un peu, tire le manuscrit de sa poche. Au-dessus de sa tête, le vent souffle fortement de la mer, le vent qui chante la pluie, l'Atlantique bleu et sans paix, les ports d'Espagne, les troupeaux de baleines errantes, mais cette fois, il ne l'écoute pas. Après des mois de pénible gestation, voici l'enfant né de lui. Caché dans son coin, il est invisible. Un promeneur sur la plage ne pourrait soupçonner sa présence pendant ces quatre heures. La marée vient battre la pierre, le vent rassemble des nuées sombres, le soleil dessine sa courbe jusqu'à toucher l'horizon. Quatre heures d'agonie, de silence, de sueurs, de tortures, quatre heures de mort. Et à la dernière minute de ces quatre heures, la destruction.

A la lecture, Walt goûte une amertume pire que

celle de la défaite. Sa confiance est éteinte. Il voulait traduire avec de l'encre et du papier son corps et son âme, afin que le monde, et par dessus tout son pays, connût, en lui, un réel Américain, un vrai homme, une unité typique de l'humanité. Il échoue. Les poèmes sont de forme nouvelle, mais c'est tout. Ils n'ont pour eux que leur rythme mélodieux et leurs rimes plaisantes, bruits vains.

Tout ce qu'il veut dire, tout ce qu'il a tenté de dire le déchire. Il brûle du désir de s'exprimer, de se libérer, mais il est son propre geôlier, réduit à l'impuissance. D'un débit monotone et machinal, il relit en entier ses poèmes. Une minute, il reste muet ; ses sens, même ses muscles sont engourdis. Puis avec un cri sourd, il saute sur ses pieds. Ce manuscrit d'espoir, ce livre de son sang et de sa chair, son premier-né, les *Feuilles d'herbe*, il le laisse tomber, s'envoler et glisser à la mer. Il le regarde flotter un moment, les feuillets paraissent encore une fois ou deux à la vue, puis se dispersent, et enfin disparaissent. Sans y croire, il les regarde partir ; des larmes coulent sur ses joues jusque dans sa barbe, il roule son grand chapeau mou dans ses mains et tape du pied, comme un enfant qui s'est fait mal aux doigts frappe la dure surface d'un mur pour se donner une raison de douleur plus valable. Walt est un enfant, un grand enfant à la barbe grise et dans ses yeux apparaissent l'abattement, le découragement et aussi la stupeur de s'être blessé terriblement.

Tard dans la soirée du lendemain, il revint à Brooklyn. Il avait marché pendant des heures, en proie à une peur harcelante qui lui répétait sans cesse ce refrain : « Tu n'es rien qu'un médiocre journaliste.

Rien, après tout. Rien à dire. Rien à dire du tout. Rien à dire après tout. Rien du tout qu'un médiocre journaliste. Rien du tout après tout. »

Le rythme de ses pensées l'avait mené toute une nuit et tout un jour, insensible à la fatigue et à la faim. Peu à peu son esprit se ressaisit, la confiance commença à revenir. Il n'avait encore qu'un médiocre pouvoir de s'exprimer, mais ce qu'il avait à exprimer était toujours là, solide et vital, attendant la délivrance. Il ferait de nouveaux efforts tant qu'il le faudrait, il recommencerait. A minuit, après avoir erré plus de vingt-quatre heures, il revint dans un état d'épuisement physique complet et avec une faim dévorante. Il rentra à la maison par la fenêtre de la cuisine, toujours ouverte grâce à la connivence furtive de Louisa.

D'en haut, éveillée à côté du père qui dormait profondément, sa mère l'entendit trébucher dans l'obscurité, ouvrir une porte et remuer de la vaisselle. En silence, elle se glissa hors du lit, descendit une chandelle à la main. Walt avait allumé la lampe et mangeait à même le pain, mordant et mâchant avec une énergie concentrée. Il avait gardé son chapeau sur le haut du crâne, et s'était installé les coudes à table ; ses pieds chaussés de lourdes bottes poussiéreuses étaient étalés devant lui.

— Mon Dieu, fils, quel oiseau de nuit ! Tu es pire que Tabitha ; mais tu meurs de faim ! Bon, attends un instant, je vais te donner quelque chose de mieux. Il y a des pommes de terre et juste un petit bout de tarte restés du souper.

Elle allait et venait avec calme dans la cuisine, Tabitha la suivait avec politesse, mais sans enthousiasme, la queue onduleuse. Quand elle lui apporta les plats, Walt l'attrapa par l'épaule et attira sa tête ; il l'embrassa, frottant son nez à sa joue comme un enfant. Louisa le grondait gentiment : — Tu me piques avec ta maudite barbe. Allons, finis. Mange maintenant, fils, et ne fais pas de bruit en te couchant.

La silhouette blanche, au visage rose sous le bonnet neigeux, disparut dans l'obscurité de l'escalier, la flamme de la chandelle, fut aussi avalée par l'ombre. Tabitha resta mécontente à tracer de silencieux zigzags sur le parquet de la cuisine ; elle dormait à la cuisine, arrangement qui ne lui avait jamais plu. Walt avait un côté de visage plongé dans une ombre épaisse. L'autre, éclairé en plein par la lampe posée à droite, révélait le mobile relief de chaque muscle, tandis qu'il mâchait, les yeux fixes, le regard absent, un morceau de tarte dans une main, un verre de lait chaud dans l'autre. Il mangeait avec lenteur et application.

Louisa était déjà à demi endormie quand elle l'entendit dans l'escalier ; il essayait avec une peine infinie de le monter en tapinois, mais elle, dans son assoupissement, croyait entendre le tonnerre du jugement dernier.

Le lendemain, Walt resta longtemps au lit, son cahier sur les genoux, armé de son crayon dont il usait peu. Son esprit luttait contre les entraves des formes dont il avait été si longtemps prisonnier. Le second texte grandit, fut achevé, lu et détruit, mais Walt savait maintenant avec certitude la valeur ultime de ce qu'il cherchait à dire. Avec une patience héritée de ses ancêtres hollandais, il peinait pour trouver son expression, convaincu qu'il réussirait. Il composa un troisième, un quatrième et un cinquième manuscrit ; chacun à son tour fut condamné sans merci et subit le sort du premier. Enfin, après des mois de révision rigoureuse et de coupures, il acheva le sixième. Il le mit de côté pour l'oublier. C'était nécessaire, il y avait travaillé trop longtemps ; il en était encore trop proche pour pouvoir le juger impartialement.

A cette époque, ses frères, George en particulier, passèrent beaucoup de temps à essayer de deviner ce qui paraissait le préoccuper tant, au point qu'il semblait vivre dans un état de perpétuelle béatitude, et ne parlant à personne. Voir Walt abandonner le métier de charpentier avait été un coup pour George ; Walt représentait maintenant pour lui l'image du flâneur invétéré, incapable de travail prospère et productif, du fainéant qui, ayant la possibilité de gagner honnêtement une fortune, refuse de s'en donner la peine et préfère perdre son temps. Il en avait été déçu, indigné ; il en avait même cru ressentir du mépris, mais il y avait quelque chose en Walt que ne pouvait atteindre le mépris et cela mettait George hors de lui. Pourquoi ce maudit bonhomme avait-il l'air si admirable, si imposant et si plein d'une dignité naturelle, quand il n'était après tout qu'un fainéant ? Cela n'avait pas de sens ! Mais la famille eut à s'occuper d'un événement bien plus important que cette paresse énigmatique.

Comme un chêne qui se meurt à l'intérieur de sa rude écorce, Walter Withman tout à coup déclina. Son apparence extérieure, cet air de force dure et noueuse, ne changea point, mais la volonté de vivre sembla soudain lui manquer. Au retour de son travail, un soir, il se laisse tomber lourdement sur la vieille chaise à bascule à la cuisine. Louisa, occupée à préparer le souper, va et vient du fourneau au garde-manger. Le crépuscule tombe, la lampe est allumée, mais Walter Whitman reste assis dans l'ombre près de la fenêtre sombre. Ses fils reviennent et Louisa, aidée par ses filles, sert la table.

— Viens, père, la soupe est prête. Elle se tourne vers lui. Pas de réponse. Il dort peut-être; mais c'est étonnant qu'il ne se soit pas lavé les mains et le visage, lui qui est toujours scrupuleusement propre dans le soin de sa personne.

— Viens, père, maintenant. La soupe est prête. Les jeunes hommes ont cessé de parler.

— Walter ! C'est presque un cri. Walt est sur ses pieds et près de son père avec une vitesse étonnante chez un homme aussi massif. Le vieux charpentier, les mains agrippées aux bras de la chaise, est assis, immobile, la tête sur la poitrine, et un instant son fils pense que la mort a fait sa silencieuse apparition dans cette bruyante cuisine. Mais à la lumière de la lampe, il voit les yeux briller ; tendrement, avec des exclamations gauches de pitié et d'affection, les fils portent leur père, géant brisé, dans son lit. Louisa, après son premier cri de terreur, sait retenir son émoi et se prodigue en soins utiles. George va chercher le médecin, il sort de la maison comme un bolide. En silence, les frères redescendent dans la cuisine ; au-dessus d'eux, ils peuvent entendre les pas légers de Louisa dans la chambre de leur père. Walter Whitman n'a pas émis un son.

Des pas sur la porte et une voix pleine d'une bonne humeur en apparence déplacée : c'est le docteur. Il entre dans la cuisine. Bon gros vieillard, poli, beaucoup de malades pensent que sa science n'est pas très remarquable, puisqu'il cherche à la cacher sous des manières affables. En réalité, c'est un homme d'un savoir médical étendu, qui a étudié en Europe, et que sa fortune personnelle a pu protéger des influences mesquines d'une clientèle campagnarde. Il n'a pas son maître comme médecin, ni à Brooklyn, ni à New-York, mais il choisit de préférence les malades pauvres, ou peu fortunés. Il connaissait Walter Whitman depuis trente ans et avait mis au monde quatre de ses enfants.

Les jeunes hommes se lèvent.

— Eh bien, mes garçons, qu'est-ce que c'est que George me raconte.

Walt lui prend son chapeau et la trousse noire usée.

— Le père a été très gravement touché. Il ne parle pas et il ne peut guère bouger.

— Hé, oui, il est vieux, Walt, il est vieux et il a travaillé dur. Il est fatigué probablement et a besoin d'un bon repos. Salut, Jeff, ne fais pas cette tête. Walt, vieux fainéant, mène-moi là-haut.

Tout en jacassant gaiment, il suit son guide. Walt revient.

— Qu'est-ce qu'il dit, Walt ?

— Rien encore, il est avec père et il a renvoyé mère. Elle est à la porte de la chambre qui écoute.

Les plats sur la table n'ont pas été touchés. De temps en temps, l'un toussotte pour s'éclaircir la gorge, l'autre frotte ses pieds. Tabitha se promène sous la table et regarde sa soucoupe : on a oublié son dîner.

La porte en haut s'ouvre et les fils entendent la voix de leur mère, faussement calme, qui répète les instructions du docteur. Le ton encourageant de celui-ci parvient à la cuisine et y remonte les esprits abattus. On attaque le souper. Il n'y a rien de grave si monsieur Vieilles-Pilules a ce ton-là. Radieux, le docteur rentre.

— Eh bien, mes garçons, il a besoin de repos, un peu d'air frais à West Hills le guérira comme ça. Il fait claquer ses doigts.

— Un cigare, docteur ?

— Un peu de whisky, docteur ? Jesse, va chercher le whisky.

— Asseyez-vous et mangez un morceau, docteur.

Un soulagement passe dans leurs voix, tout à coup délivrées.

— Non, merci, mes garçons. Eh bien, peut-être un cigare. Bon appétit, bon appétit. Walt, accompagne-moi jusqu'au buggy.

Il sort suivi de Walt et leurs pas s'assourdissent sur la jeune herbe.

— Mon fiston, ton père est malade. Il peut vivre un moment, mais pas longtemps. Il est usé, le ressort est usé. Voilà ce qu'il faut faire : vous attelez demain, vous l'emmenez à la ferme. Il soupire après ça, cela lui fera du bien. S'il se soigne, il peut vivre des années, mais je connais le vieil imbécile, il sciera du bois avant que la semaine soit écoulée. Ne le laisse pas faire. Oblige-le à se tenir tranquille et force-le à se nourrir et à dormir. J'ai dit à ta mère ce qu'il peut manger ou non. Vous deux, vous devriez vous faire obéir ; et si vous voulez le garder il faut vous faire obéir.

Il grimpe dans son buggy et dénoue les rênes.

— Bonsoir, fils. Pas de soucis. Retourne à la maison, maintenant. Hue ! Nell.

Le buggy roule ; pendant un instant la lourde silhouette se détache en noir contre les étoiles basses sur l'horizon.

Le lendemain matin, quand les hommes sont partis à leur travail, Walt attelle le cheval du père à la voiture familiale ; Louisa et Walter sont assis au fond. Il les conduit à West Hills. C'est une magnifique matinée de juin et les champs sont verts. Pour Louisa, ce retour lui a toujours paru inévitable, c'est une retraite après une campagne sans victoire qui a duré une vie, contre des risques si nombreux. Elle le savait d'avance ; son mari avait quitté son héritage et le sol de ses pères pour la conquête de la ville, et la ville avait finalement triomphé, c'était certain. Trente-deux ans de labeur et maintenant la fin. Les roues grincent, non sans une certaine musique, comme celle d'oiseaux qui jacassent. Walt, qui conduit, laisse le cheval à un pas de promenade. Trente-deux ans et elle ramène son mari. Où ? A une vieille maison vide et à des champs trop longtemps en jachère. A un foyer dont avaient été sevrés les enfants de la maison et qui est devenu croulant et froid. Il y a quelque chose d'ironique à revenir dans cette saison. Un matin acide de novembre, eût mieux convenu, avec la terre et les arbres nus, au lieu de cette chaleur féconde et de cette couleur riante et riche.

— Walter, tu te rappelles quand j'étais jeune fille, je me promenais à cheval le long de cette route sur le cheval bai que mon père avait acheté à Yonkers l'année de la guerre ? Il y a quarante-trois ans, l'année où le fermier Tooker abandonna sa femme pour rejoindre les marins sur le lac Champlain.

— Il y a quarante-trois ans, Lou, et me voilà une vieille bête qu'on envoie crever à l'écurie.

La voix du malade a un ton de chagrin comme celle d'un enfant déçu. Louisa pense qu'elle n'a pas su faire vibrer la corde juste. Walt caresse légèrement de son fouet le dos du cheval et la voiture roule plus vite entre les champs. Le jour tombe.

CHAPITRE XIV

Quinze jours avant la maladie de son père, Walt avait porté le manuscrit définitif de son livre chez Andrew et James Rome, imprimeurs, au coin de Cranberry et de Fulton street et s'était arrangé avec eux pour en composer le texte lui-même, à sa guise. En revenant de West Hills, il se mit immédiatement au travail. Dans la première semaine de juillet 1855, les *Feuilles d'Herbe* étaient à peu près achevées, et les frères Rome les lurent sur les épreuves corrigées que Walt avaient laissées dans le tiroir. D'étonnement, les yeux leur sortirent de la tête.

— Andy, c'est de la folie.

— Ptête ben.

— C'est de la poésie, Andy, qu'en dis-tu ?

— Ptête ben.

— Crois-tu qu'on va acheter ça, Andy, qu'en dis-tu ?

— Ptête ben.

Les frères Rome étaient très intrigués, mais c'était des hommes prudents. Ils attendaient de sentir d'où soufflerait le vent. Si les *Feuilles d'Herbe* pouvaient leur causer du tort, ils ne tenaient pas trop à se compromettre. Le livre parut, mince *in-quarto*, relié en toile verte décorée de fleurs, le titre sur les deux couvertures, en lettres d'or très ornées. En face de la page de titre, on pouvait voir, gravé sur cuivre, d'après un daguerréotype qui datait de 1854, le portrait de Walt dans une pose aisée et gracieuse. Il regardait le lecteur avec une expression à la fois interrogatrice et tendre, sa bouche assez sensuelle prête à sourire.

Le livre ne portait la marque d'aucun éditeur. Les Rome avaient proposé une édition de mille exemplaires ; huit cents furent réellement tirés. A toutes les personnes de connaissance de la presse, Walt envoya un exemplaire. Le reste fut mis en vente à Brooklyn, Boston et New-York.

Puis, avec les frères Rome, il attendit de voir de quel côté soufflerait le vent. Des coupures de journaux arrivèrent un matin sous enveloppe. C'étaient des comptes-rendus scrupuleusement rassemblés et envoyés par un ami de New-York.

« De la boue », s'écriait le *New-York Criterion*, « de la boue et de l'obscénité. » Ce fut le premier coup.

« Walter Whitman est aussi ignorant de l'art qu'un pourceau des mathématiques », annonçait le *Critic*, de Londres. C'était une autre méchanceté.

« Ampoulé, égoïste, vulgaire et idiot », observait l'*Intelligencer* de Boston ; et le *Post* de Boston soulignait les obscénités forcenées de son culte à Priape. Mais Boston peut s'en aller au diable.

« Impiété libidineuse et audace ithyphallique », ajouta le *Christian Examiner* de cette même ville, ce qui frappa les Rome de peur et d'inquiétude. C'était sûrement des noms de maladie. Fallait-il considérer le livre contagieux ?

Heureusement, deux semaines après la publication, le courrier apporta une lettre d'Emerson lui-même, le Brahmane des Brahmanes, le sage de Concord, le grand génie de la nation. Des louanges et quelles louanges !

« Je vous remercie de votre livre et de votre courageuse pensée. — Walt exulta — j'en ai eu une grande joie. J'y trouve d'incomparables choses dites incomparablement, comme elles doivent l'être. »

C'était de quoi supprimer l'amertume de toutes les attaques et de quoi faire de la réclame à un livre comme on n'en avait jamais faite. Et quelle bienvenue, éclatante comme la sonnerie d'un clairon, que ceci : « Je vous salue au début d'une grande carrière... »

Salué par Emerson ! Walt sauta sur ses pieds, et, un moment, les Rome crurent qu'il allait danser. Quelle réclame ! quelle superbe réclame s'il pouvait s'en servir ! Un ronron de satisfaction des imprimeurs arrêta un instant ses rêves dorés. Ils avaient en main une autre critique favorable. Walt la regarda. Il lui trouva un air étonnamment familier, et il finit par la reconnaître. C'était lui qui l'avait écrite. Avec une foi complète et candide en son livre, il avait projeté une campagne d'auto-critique, si l'on peut ainsi dire, et avait envoyé par la poste ces articles, de façon qu'au moment voulu, le monde fut mis au courant de sa publication. Ils avaient été submergés sous le flot des injures. Maintenant qu'il avait la lettre d'Emerson, il pouvait se permettre de ne faire aucun cas des opinions d'autrui ou des siennes. Les paroles magiques en main, il alla chez sa mère. La maison était remplie d'un silence plus lourd qu'autrefois, car Louisa était veuve.

Le 11 juillet, un jour ou deux après la parution du livre de Walt, à peine un mois après qu'on l'eût emmené à West Hills, Walter Whitman avait rejoint ses ancêtres, qui reposaient dans des tombes couvertes de broussailles, sur la colline, au soleil. Il semblait avoir accepté la mort comme s'il avait perdu patience avec la vie. Louisa eut du chagrin, mais les derniers jours de son mari avaient été pleins d'une paix consolante. Pour elle qui descendait la pente de l'existence, la mort ne semblait plus qu'une courte séparation et puisqu'il était mort consentant, le deuil était moins amer. Elle était seule, mais George lui tenait souvent compagnie ; Walt et Jeff, quoique l'on pût moins compter sur leur présence, la réconfortaient de leur solide affection.

La mort de son père avait beaucoup affecté Walt, mais son œuvre, une force vivante, absorbait sa conscience. Sa mère et ses frères en apprirent avec indifférence la publication, ce qui l'étonna secrètement. Quand il leur montra la lettre d'Emerson, ils le félicitèrent, mais ce qui était incroyable, ils ne furent pas très impressionnés. Extraordinaire, pensa Walt. George n'ouvrit même pas son livre, et Louisa, au bout d'une heure de lecture effarée, l'avait mis de côté. Il lui semblait de la même espèce — avait-elle hasardé — que *Hiawatha*, poème confus et ampoulé de M. Longfellow. George avait réfléchi. M. Longfellow était un poète reconnu, alors si *Hiawatha* était de la poésie, les *Feuilles d'Herbe* l'étaient aussi. Cette pensée les réconforta, mais ne les incita pas davantage à lire. Dans la famille Whitman, le livre de Walt reposa dans une obscurité totale sans soulever même de critique.

Il ne se vendait pas. Ceci plus que tout, décourageait Walt, mais ne diminuait en rien sa confiance. Un an plus tard, en juin 1856, il avait achevé une seconde édition, un volume plus grand, qui contenait vingt poèmes nouveaux et qui portait emblasonné sur le dos, la phrase d'éloges d'Émerson. Quand ce volume arriva à Concord et que le Sage remarqua les lettres d'or, il eut un choc.

« Je vous salue au début d'une grande carrière. R. W. Emerson. »

Quel scandale ! Une phrase arrachée de son contexte dans une lettre personnelle et jetée ainsi à la face du public. Quel était l'homme capable d'agir ainsi ? Un appendice s'intitulait *Leaves Dropping* (« les feuilles écoutent », avec un calembour sur le sens) et contenait, à côté des critiques de la presse, la lettre d'Émerson et la réponse de Walt. Cette réponse était magnifique et effrayante, Walt l'avait écrite quand il était encore tout exalté par l'éloge du grand maître, déprimé nerveusement par les critiques qui l'attaquaient, et inconsciemment découragé par l'insuccès de la vente du livre. Un étrange manque de délicatesse et de bon goût l'empêcha de la détruire plus tard, quand il fut revenu à des sentiments plus rassis. Émerson la lut et frissonna. Il la relut. C'était incroyable. Walt avait gentiment remarqué que la première édition, mille exemplaires, était déjà vendue. Et, après tout, c'était possible.

« Je suis poète, j'aime faire des poèmes. Je me suis aussi donné d'autres tâches : voir des êtres, rencontrer les États-Unis face à face et les mettre en rapport avec une langue, leur langue, faite en Amérique. Mais la tâche de ma vie est de faire des poèmes. Je conti-

nuerai jusqu'à ce que j'en aie fait cent, plusieurs fois
cent, peut-être mille. La voie est claire. Dans quelques
années la demande moyenne pour mes poèmes sera
de dix ou vingt mille exemplaires par an, davantage
sans doute. Pourquoi me dépêcher et prendre un
moyen terme ? Dans mes poèmes ou dans mes discours, je prononce le mot ou les mots qu'il y a à dire,
qui collent au corps et marchent avec les pas innombrables de tous, et rappellent quelque chose à tout
homme et à chaque femme. Maître, je suis un homme
à la foi parfaite. Maître, avons-nous traversé des
siècles, des castes, des héroïsmes, des fables, pour
rester maintenant immobile dans ce pays ? »

La lettre était longue, mais ce début suffisait à
choquer désagréablement M. Émerson, tout prêt à
croire que les *Feuilles d'Herbe* étaient, somme toute,
d'un mérite douteux. Faiseur de poèmes, vraiment ?
Cependant, il avait envoyé le livre à Carlyle, ajoutant
en postscriptum que l'Écossais pouvait en allumer
sa pipe s'il ne l'appréciait pas.

Walt commençait à jouir à Brooklyn d'une certaine
célébrité. Des gens d'importance venaient le voir et
s'entretenaient avec lui de littérature et de création
littéraire sur un ton de déférence. Thoreau alla le
voir à l'établissement des frères Rome, l'y trouva
qui corrigeait des épreuves. Il resta un bon moment
avec lui et en fut enchanté. « C'est un homme remarquable », écrivit-il à son ami Harrisson Blake, « et il
est terriblement bon. »

Bronson Alcott, le transcendentaliste, ami d'Émerson, vint le voir, ainsi que William Cullen Bryant.
Émerson lui-même lui rendit visite. Il avait tout
d'abord hésité, mais quand il vit Walt, il oublia la

malheureuse impression que la deuxième édition lui avait faite. L'homme était une force de la nature au même titre qu'une tempête ou qu'une averse d'automne.

En 1860, Walt, sa nouvelle œuvre prête, trouva à Boston des éditeurs qui acceptèrent volontiers de la publier. C. W. Eldridge, de la raison sociale Thayer et Eldridge, se montra un ami des plus sympathiques, un homme de goût et un lettré qui épousa la cause de Walt avec un dévouement véhément. W. D. O'Connor, qui était alors occupé à écrire un roman pour cet éditeur, se montra un allié encore plus précieux. O'Connor, Celte brillant, fantasque et passionné, dont le style était aussi vif que le caractère, fut convaincu aussitôt que les États-Unis, en méconnaissant Walt, ignoraient le plus grand génie de l'époque. Il invita Walt à accepter son hospitalité n'importe quand et pour aussi longtemps qu'il voudrait et, de fait, les O'Connor rendirent son séjour à Boston tout à fait agréable.

Un jour, Émerson, qui était souvent retourné le voir, emmena Walt pour une longue promenade le long du Common de Boston et discuta avec lui. Il voulait lui faire retirer de son œuvre des passages comme ceux qui avaient poussé le révéré et aimé M. Whittier à jeter au feu les *Feuilles d'Herbe*. Walt admettait bien que chaque point, chaque argument d'Émerson était sans réplique, mais l'opiniâtreté hollandaise de son caractère l'empêchait de vouloir rien détruire de ce qu'il avait conçu et écrit. Quand Émerson lui demanda ce qu'il avait à répondre, il admit franchement qu'il n'avait rien à dire, mais qu'il était déterminé à ne pas suivre les avis de son ami. Émerson leva les bras au ciel, et tous deux se rendirent à l'*American House* où ils commandèrent et dévorèrent un énorme et délicieux dîner.

Ensuite, ils allèrent ensemble écouter le père Taylor, le prédicateur marin, et trouvèrent que personne, pas même Webster et ses fameux émules, ne le surpassait. En chemin ils conversaient, ou plutôt, Emerson parlait. Walt l'écoutait, surplombant son illustre compagnon de toute sa taille, les deux mains croisées derrière le dos. Son visage méditatif et calme prenait une expression de noblesse plus belle chaque jour.

Quand il revint à New-York, en juin 1860, il n'était plus l'obscur journaliste et écrivain politique, imitateur d'auteurs habiles, ni le rédacteur aux gages d'une vingtaine de journaux, c'était un poète connu. Des amis, comme O'Connor et Émerson, furent les premiers disciples d'une bande croissante. Ils criaient au génie sans marchander leurs cris. Walt lui-même ne se sentit nullement surpris de sortir tout d'un coup de l'obscurité où il avait été plongé pendant près de dix ans avant la publication de son livre. Il avait été assez connu à New-York en 1844. Dix ans plus tard il était à peu près oublié, et de nouveaux noms se lisaient aux pages dès journaux dans lesquels il avait tant écrit. Mais il n'avait jamais douté que la pomme de sa renommée ne mûrit sur la bra..he, et il avait attendu avec beaucoup de patience pour la manger.

Là-bas, à Brooklyn, les Rome disaient à leur clientèle que peu importait l'opinion du grand public sur la poésie de M. Whitman, les grosses légumes de la profession semblaient ne jurer que par lui. M. Bryant, vieillard si célèbre que son passage dans

Fulton street causait une véritable sensation, venait souvent voir Walt chez les Rome, ce qui les remplissait d'un orgueil sans limites. M. Bryant, directeur de l'*Evening Post*, était bon juge en la matière et s'il trouvait que les œuvres de M. Whitman valaient la peine de venir jusqu'à Brooklyn, alors il y avait quantité de gens à Brooklyn qui pouvaient un peu moins parler de leur manque de valeur.

C'est ainsi que Walt devint chez lui un personnage d'importance. Ses anciens confrères, les journalistes, s'étonnaient de son changement. Il y avait en lui, autour de lui, une atmosphère de bienveillance. Pourquoi ? A l'époque de sa carrière de rédacteur, il n'avait jamais fait montre que d'une capacité à employer un vocabulaire de moyenne étendue, et de l'imagination. Sa poésie avait été bonne, quelquefois très bonne peut-être, mais rien certainement n'avait pu faire prévoir les *Feuilles d'Herbe*. D'où lui était venu son air prophétique ? Walt, on le remarquait, se prenait terriblement au sérieux. Louisa continuait de ne voir rien d'extraordinaire dans sa soudaine renommée. Elle avait toujours cru, su même, que Walt deviendrait un grand homme d'une façon ou d'une autre. La mère et le fils avaient une mutuelle et parfaite sympathie, sans que Louisa comprît jamais très bien Walt.

Jamais Walt n'avait tant travaillé dans s.. vie. Il se levait tard, mangeait frugalement à des heures irrégulières et semblait paresser avec son habituel abandon, mais en réalité, il composait un nombre étonnant de poèmes, avec un soin infini, soucieux de la moindre nuance et de la moindre ponctuation. Il faisait des poèmes, comme il l'avait écrit à Émerson, mais quelquefois pendant une semaine ou même plus, il se dégoûtait de cette discipline imposée par lui et le flâneur pur reparaissait. A ces moments, on le voyait partir sans perdre de temps, le long de Broadway, souriant, expansif, ouvert et moins un prophète qu'un gai compagnon à boire.

CHAPITRE XV

Chez *Pfaff*, sur Broadway, près de Bleeker street,
c'était Pfaff lui-même, un gros Allemand jovial mais
peu bavard, qui saluait ses clients à la porte et les
faisait pénétrer dans son restaurant comme si ç'avait
été son propre salon. L'endroit était plein d'odeurs
lourdes et succulentes. Ceux qui y dînaient une fois
y dînaient toujours, bien que la nourriture les menât
à un embonpoint pareil à celui du patron. Dans les
caves qui s'étendaient jusque sous la rue et sous les
trottoirs, on trouvait le meilleur champagne de New-
York, car Pfaff était un fameux amateur de vins. Il
y avait des Bourgognes, blancs et rouges, des Graves
et Haut-Graves, des Clos Régent, Beaune et Volnay,
Bommes-Sauternes, Bonnes-Mares et Romanée, des
vins dont le nom était aussi délicieux pour ces Américains que le goût. Pfaff, lui-même, si vous étiez un des
rares initiés (comme Johnson et le Club l'étaient à la
Mitre), vous montrait ses poudreuses bouteilles, couvertes de toiles d'araignée, emplies de crus déjà vieux
du temps où votre père, dans sa jeunesse, apprenait
les nouvelles de Waterloo ou celle de l'élection de John
Quincy Adams. Aimiez-vous les Sherry ? Pfaff vous

montrait un Isabel de 1830 ; les Madères ? un Malvoisie Royal de la grande réserve de 1837, Cama de Lobos de Joa Vicente de Silva, mis en bouteilles dix ans plus tôt et caressant comme la main d'une belle femme. Pas un vin né du jus de la treille qui ne se trouvât dans les caves de Herr Pfaff.

Sous le trottoir, vous pouviez entendre au-dessus de votre tête les citoyens de New-York allant à leurs affaires, ayant chaud et probablement soif, ignorant les trésors liquides qui gisaient sous la semelle de leurs bottes. Là, il y avait une table où, tous les jours, des esprits de petite volée, et quelques-uns de haute volée, s'assemblaient, buvaient, fumaient, remplissant l'air de nuages bleus et de spirales, et réglaient les destinées des nations et des individus, dans la joie et dans le bruit. Aujourd'hui peut-être, par cette fin d'après-midi, tandis qu'au-dessus de leurs têtes vont et viennent des bonnes gens qui rentrent chez eux, il y a Fitz-James O'Brien, l'auteur d'histoires mystérieuses intitulées *les Lentilles de Diamant*, *la Chambre Perdue* et *le Forgeron Merveilleux*, Irlandais à l'esprit brillant, au visage sombre et plein de cicatrices ; ses goûts dispendieux s'accordent mal avec ses moments irréguliers d'opulence. Il vient d'écrire une pièce pour M. Wallack : *un Gentilhomme d'Irlande*, et il devance la prospérité en buvant un Bourgogne rouge qu'il tient sous son nez avec une expression de tendre béatitude. Voici Henry Clapp, jeune journaliste et propriétaire de son journal ; ses idées deviennent de plus en plus brillantes à mesure que diminue le sombre contenu de la bouteille placée devant lui et voici John Swinton du *Times*, plein de force, de verve et de tranchant dans la discussion. Ici, c'est William Dean

Howells, jeune homme de vingt-trois ans qui s'intéresse aux lettres.

A côté de lui cet homme qui a l'air bien plus vieux que tous, barbe et cheveux gris, géant à tête de Moïse bienveillant, les traits réguliers, le teint d'un athlète, c'est Walt Whitman, qui a été journaliste ; il a été le rédacteur en chef du *Times* de Brooklyn, de 1857 à 1859, il y a à peine deux ans. Mais il est surtout l'auteur des *Feuilles d'Herbe*. Il est probablement le poète d'aujourd'hui le plus insulté et le plus fièrement défendu du monde entier, en tout cas d'Amérique. Clapp rompt une lance en sa défense. Swinton également. Walt vient chez Pfaff presque tous les jours, il écoute les discussions qui se croisent autour de la table, parle peu lui-même. Il se contente de murmurer, en extase : « vas-y » quand Swinton se jette dans la mêlée. La fumée qui flotte comme un voile au-dessus de la table est bien celle de la bataille.

A la fin de l'après-midi, il arrive du Vieil Hôpital de New-York, situé sur Broadway, en face de Pearl street. Il y aide à soigner les cochers malades ou infirmes, ses vieux amis qui l'appellent à grands cris quand il part : « Reviens demain, Walt » ou « Ne te saoule pas, Walt ». Ils ont besoin de lui, ils l'injurient et ils l'aiment. Tard dans la soirée, le sang agréablement réchauffé par le vin, il rentre par le bac à Brooklyn où il habite avec sa mère. travaille à ses poèmes, dort, flâne, paresse. Il se lève tard, et après déjeuner il se rend à l'hôpital, ou voyage tout le long de Broadway avec les cochers gaillards et bons vivants comme il l'a fait pendant des années. Généralement il s'assied à côté d'eux, la conversation qui n'arrête pas est coupée de bruyants éclats de rire, ou d'un juron

d'admiration quand Walt vient de déclamer un vers
ou deux d'*Hamlet* ou de *Richard III* ou de *Macbeth*.
Les cochers le connaissent depuis des années.

Il est célèbre maintenant à sa façon. Sa stature,
sa barbe, son chapeau mou au large bord, tous les
détails de sa personne sont devenus familiers aux
New-Yorkais. Qu'est-ce que ça peut faire que la dame
en crinoline au bras de ce géant qui porte moustache
et mouche à la mode de l'empereur des Français,
prenne un air pudique et chuchote à son compagnon :
« Regardez, c'est Walt Whitman ; cet homme, vous
savez, qui a écrit ce livre terrible ? » Qu'est-ce que ça
peut faire si le grand monsieur se renfrogne et parle
avec dégoût des auteurs indécents ? Il y a quantité
d'autres couples qui sourient quand ils le voient et
qui le saluent comme s'il était le plus vieil ami de leur
famille.

Walt en 1861 est un personnage. Il est l'ami d'hommes célèbres et de cochers d'omnibus, de pilotes des
bacs et d'un grand nombre de jeunes gens, quelques-
uns de talent, qui le trouvent à peine moins important
dans l'histoire que le Christ. Il est aussi l'ami d'un
certain nombre d'individus variés qui ont été à un
moment ou à un autre soupçonnés de vol. Il ne cherche
pas à éviter telle jeune personne à la beauté fanée qu'il
rencontra une fois Canal street où elle cherchait péniblement à exercer sa profession, et pour qui il écrivit
dans le *Brooklyn Times* un grave article d'admo-
nition (le 20 juin 1857). « Je n'ose pas vous refuser »,
avait-il dit dans un de ses poèmes et de fait il ne se
refusait à personne.

Le 13 avril 1861, il se promenait peu après cinq
heures le long de Broadway, se dirigeant vers Bleecker

street. Il avait soif, mais pensait agréablement à la bière qu'il trouverait dans la cave de Pfaff. La rue affairée, dorée par le soleil prêt à glisser derrière la rangée des maisons de l'ouest, était comme toujours pleine de couleurs, et du son tintamarresque des omnibus et des hurlements des vendeurs de journaux. Les employés rentraient chez eux, pas trop vite, en fumant le cigare d'après le bureau, se demandaient s'ils avaient encore le temps de « remettre ça » au bar du coin. Walt était heureux ; ses éditeurs de Boston étaient pleins d'espérance pour son nouveau livre ; il avait une lettre de son frère Jeff en poche ; et malgré ses quarante-deux ans il se sentait aussi jeune qu'à seize et fort comme un buffle. Il avait sa revanche. Que lui importait d'être considéré par l'ensemble de ses concitoyens comme un écrivain obscène et probablement comme une menace à la morale publique ? Il avait une légion grandissante d'amis qui l'admiraient, lui et son œuvre, et qui combattaient en une solide petite phalange. Peu d'hommes pouvaient se vanter de l'amitié d'Émerson, de l'intimité de Thoreau, de Bryant, de Bronson Alcott. Le moment arrivait où son pays et le monde accepteraient ses poèmes comme des prophéties et de grandes vérités, et cette foi réduisait à rien les attaques de ceux qui n'étaient pas encore initiés. Il remarqua devant lui John Swinton qui allait dans la même direction. Il l'appela. Swinton se retourna, ses traits durement ciselés avaient une expression tout à fait grave.

— Hello, Walt ! Eh bien, le payement sera dur.

Walt fut surpris :

— Qu'est-ce qu'il y a, John ?

— C'est la guerre, voici ce qu'il y a. Ces *Mangeurs*

de Feu, ces gens du Sud là-bas à Charleston ont tiré le canon sur Sumter.

Walt s'arrêta, incrédule :

— Qui vous l'a dit ?

— N'importe, mais ça sera dans les dernières éditions cette nuit dans la rue. La guerre, la guerre sanglante. Il y a vingt ans qu'elle vient.

— Peut-être n'est-ce qu'une rumeur, John. Vous savez comment ces histoires commencent ? Il y a deux ans c'était le coup de John Brown.

Ils entrèrent chez Pfaff. Walt, saisi, se consola un peu en se répétant à lui-même qu'après tout c'était seulement une rumeur. John avait tort de prendre pour vérité des histoires aussi vagues. Dans les caves sous le trottoir le cercle familier était réuni, et à son grand soulagement la conversation bruyante et incessante ignora Sumter ou les *Mangeurs de Feu du Sud*.

Swinton cependant resta silencieux. Il commanda une bouteille de vin blanc et rêvassa, sans faire attention aux plaisanteries lancées de temps en temps vers lui pour essayer de le faire entrer dans la discussion. Son attitude abattit Walt et lui fit perdre tout goût à boire. O'Brien fumait un cigare qui sentait les algues sèches, comme sur la plage près de Montauk que Walt avait découverte étant gamin. Ce n'était pas un cigare à fumer dans une cave, et, dans l'opinion personnelle de Walt, pas un cigare à fumer du tout. Il finit sa bière et monta, suivi d'Henry Clapp qu'il devait accompagner ce soir-là à l'Opéra de la Quatorzième rue. Pfaff lui-même leur servit à dîner et Clapp s'entretint avec une amicale loquacité, tantôt avec Walt, et tantôt avec la grosse fille saxonne dont les mains habiles savaient créer des *kuchen* incomparables. Mais Walt ne pouvait sortir de l'humeur où l'avait jeté la sombre prédiction de Swinton. Au diable cet homme. Si son histoire était vraie, après tout ?

Après souper, les deux amis se dirigèrent vers le nord de la ville. Broadway paraissait plus calme que de coutume. Il ne faisait pas encore tout à fait sombre et déjà le premier souffle du printemps flottait dans l'air et rendait les manteaux inutiles. La nuit était pleine de promesses, de romances, de jolis visages qui ne se détournaient pas avec froideur des regards masculins pleins d'admiration et de désir. Clapp, qui n'avait pas remarqué la tristesse inaccoutumée de son ami, réussit à capturer au passage un ou deux sourires : « Regardez, Walt. Qu'elle est jolie ! Elle nous a souri. » Mais Walt était de granit.

L'opéra fut chanté d'une manière satisfaisante ; pendant deux heures Walt fut aux anges. Il était assis, les jambes croisées, le chapeau sur les genoux, son menton embroussaillé penché sur la poitrine. Il pensait à toutes les voix qui l'avaient séduit : celles de Grisi, d'Alboni, de Lind, de Mario, de Badiali ; elles se confondaient dans un grand souffle mélodieux qui enlevait ses pensées loin de la guerre et des inquiétudes douloureuses.

Après le spectacle, les deux amis se séparent. Clapp va vers le nord, Walt redescend le long de Broadway vers le bac. La nuit semble pleine de petits cris, cassures aiguës du silence général, arrêt des bruits qui tombent sur New-York à minuit. Walt écoute. Les bruits grandissent, aigus, impérieux. Devant l'Hôtel Niblo il voit d'où ils viennent. Un essaim de vendeurs de journaux descend la rue volant d'un trottoir à l'autre comme des hirondelles, petites silhouettes sombres agitant de pâles drapeaux et hurlant leur édition spéciale avec une violence scandée. Walt en attrape un dans sa fuite en zigzag, achète le journal et entre dans le hall de l'hôtel. Dans l'air lourd de tabac on sent une tension retenue. Walt ouvre le journal, et un groupe attentif se forme immédiatement autour de lui ; Swinton n'avait pas menti, ce qu'il avait dit de la guerre était vrai. « Messieurs, les gens du sud ont tiré sur le drapeau dans le port de Charleston. »

D'autres journaux apparaissent. Les lustres illuminent, les crachoirs de cuivre brillent, les journaux froissés frémissent. Un silence absolu, puis, tout à coup, c'est une cacophonie de voix véhémentes. Un gros homme, le chapeau de soie sur le haut du crâne et la canne sous le bras, secoue son journal pour le rendre plat et facile à déchiffrer, et lit tout haut le télégramme, à un public qui compte maintenant plus de quarante personnes. Un autre silence suit la dernière phrase, quelqu'un pousse un juron. On remue des pieds, un homme aux yeux effarés crie soudain : « Les sacrés imbéciles. » Walt part ; la nuit résonne encore des cris des vendeurs de journaux, mais sur le bac il n'y a d'autre bruit que celui de la lourde charpente craquante et vibrante et le chuchotement liquide de l'eau fendue.

Le lendemain George fit part de son intention de s'engager, et le soir il se trouva avec un groupe de garçons de son âge décidés à joindre le 51e régiment des volontaires New-Yorkais, composé surtout d'hommes de Brooklyn. Le printemps se fondit en été, et juillet amena la première bataille, celle de Bull Run, et le départ de George pour Washington. Walt et Louisa accompagnèrent le 51e au train ; parmi les bravos, le train s'ébranla aux accents métalliques du *Star Spangled Banner*, jouée par une fanfare civile, qui s'arrêta soudain aussitôt le train parti, laissant dans l'air chaud une atmosphère de désillusion et de retour à la déprimante réalité.

La bataille de Bull Run avait aussi porté un grand coup au moral de l'Union. Les parents des voiontaires de Brooklyn se demandaient si le Sud de son côté n'avait pas un peu raison. A Washington quelques peureux parlèrent de la possibilité du départ de Lincoln, après avoir vu les habits bleus se rabattre sur la ville par le Long-Bridge à l'aube du 22 juillet.

Walt alla une ou deux fois chez Pfaff, mais la conversation languissait dans la cave, et il y avait des absents parmi les beaux esprits. Fitz-James O'Brien s'était engagé dans le 7e régiment de New-York. D'autres avaient montré une énergie moins grande et ne tenaient pas à affronter les questions muettes en se montrant sans uniforme dans des endroits publics. La maison Thayer et Eldridge envoya de mauvaises nouvelles. La guerre les empêchait de faire leurs affaires. Ils regrettaient la nécessité de retirer de publication les *Feuilles d'Herbe* : ils n'avaient pas les moyens de continuer. Walt reçut ce coup avec stoïcisme, mais il fut profondément blessé. Alors qu'il allait récolter tout ce qu'il avait semé après avoir attendu plus de dix ans, encore une fois on lui renvoyait ses poèmes. En février 1862, s'arrêtant quelques minutes chez Pfaff, le gros Allemand, plus silencieux que jamais, lui dit en tirant la bière que O'Brien, après une conduite héroïque et un avancement rapide était mort de blessures reçues dans une escarmouche vaine. Le restaurant autrefois si rempli du bruit de l'argenterie sur la porcelaine, du choc des bocks et des verres au pied délicat sur les tables, et des conversations continues, était presque vide, et ceux qui dînaient avaient la mine morose, et des journaux près de leur assiette. Pfaff lui-même était attristé. La vue de Walt le réconforta : il proposa d'ouvrir une bouteille de vin, mais Walt ne voulut pas rester. L'été se traînait quoique Shiloh et la reddition du fort Donelson, la victoire de Farragut devant la Nouvelle-Orléans, Malvern et Antietam eussent redonné confiance aux non-combattants du Nord dans la valeur des armées de l'Union.

Walt n'avait jamais pensé à s'engager. Malgré la force de son corps, son caractère avait des éléments beaucoup plus féminins que masculins. Son courage, incontestable, ne le poussait pas comme George à prendre du service actif, mais les longs mois d'inaction et d'angoisse communes finirent par user ses nerfs. En décembre, Burnside traversa le Rappahanock et fit, au milieu des eaux glacées, massacrer les troupes de l'Union par les habiles tireurs de Lee.

On apprit que George avait été gravement blessé dans les sanglants combats de Frederickburg. La décision de Walt fut prise. Il partit aussitôt au chevet de son frère. Dans la grande maison de brique au bord de la rivière où avaient été arrêtées les forces fédérales une semaine auparavant, Walt découvrit sa vocation. George n'avait heureusement qu'une blessure légère. A l'arrivée de Walt il était déjà sur pied. Lui qui n'avait pas peur dans la bataille ne pouvait sans défaillir en soutenir les suites, la puanteur, la pourriture et la mutilation. En cela différaient les deux frères. L'idée du massacre remplissait Walt d'horreur, mais il pouvait soigner les débris sanglants d'humanité qui respiraient encore, sans dégoût et avec une tendre affection. Le service qu'il pouvait rendre à son pays se dessina clairement. En janvier, il était encore dans le Sud comme infirmier.

CHAPITRE XVI

En janvier 1863, Walt quitta l'hôpital près de Fredericksburg et revint à Washington. Il fit route avec des blessés le long du Potomac, par des chemins défoncés. Des gardes à l'uniforme déteint, à l'équipement rouillé, vérifiaient leur passage. Walt avait les poches pleines de bonbons et de gâteaux qu'il avait pu obtenir à grand'peine de commissariats aux vivres ou d'épiciers compatissants dans des villages silencieux. Il allait et venait parmi les blessés, distribuait ses petits présents avec des plaisanteries, des mots d'espoir, refaisant un pansement et s'asseyant près des grands blessés dont il prenait les mains sèches et chaudes entre les siennes. Il offrait à tous sa bonne humeur. Un engagé volontaire de moins de vingt ans, originaire d'un hameau du nord du Massachussetts, avait reçu une balle dans le ventre le jour où Burnside avait follement traversé le Rappahanock ; il mourut entre les bras de Walt, sûr que ses tortures allaient prendre fin dans ce sommeil où le berçait la voix tendre qui murmurait à son oreille :

— Là, là, fils, doucement mon vieux, ça va. Ça va bien maintenant. Doucement, fiston, doucement.

Washington, devenu un camp et un vaste hôpital, offrit un champ immense à son activité. L'hôpital du bureau des Brevets, l'hôpital de la Huitième rue, de H street, d'Armoury square, étaient pleins de jeunes hommes aux os brisés, aux muscles en loques, que la gloire de tirer sur le drapeau du Sud immobile, protégé par les rangs gris des troupes de Lee, avait rabaissés au rôle de pions de la Mort sur un échiquier noir et rouge. Dans les longues salles où la puanteur de la chair purulente, de l'infection gangreneuse, luttait avec l'odeur des antiseptiques, Walt passait ses jours et une grande partie de ses nuits. Il envoyait aux pères et aux mères des nouvelles de leur fils, de sa guérison, de sa mort. La souffrance refaisait des enfants de ces hommes, et cet immense infirmier aux vêtements gris, à la lourde barbe presque blanche, leur rappelait la légende joyeuse de saint Nicolas. Il passait entre les lits en laissant sur les couvre-pieds sales et fripés de petits paquets de douceurs ou bien l'enveloppe avec le timbre et l'adresse, toute prête pour envoyer le griffonnage inégal et pénible. Il s'asseyait à leur chevet et leur parlait des moissons, des soirées d'automne parfumées de la fumée âcre et délicieuse de feuilles brûlées, des javelles de maïs dressées contre le ciel, des danses dans les granges où les filles et le cidre semblent également doux. Il avait l'air de connaître toutes les régions de la vaste Amérique, des Montagnes Rocheuses à la côte de Nouvelle-Angleterre, et comment chacune de ces régions répondait à l'appel changeant des saisons.

Avec un garçon de l'Indiana qui n'avait plus de jambes et dont l'esprit ne gardait plus qu'un dessin effacé de la vie avant la guerre, Walt parlait des joies

enfantines, de la Noël, l'attente la veille, le remue-
ménage et les secrets, les odeurs somptueuses de la
cuisine, les maisons chaudes et illuminées et, au
dehors, la neige craquante et brillante. L'esprit du
mutilé et celui de Walt s'accordaient comme ceux de
jeunes enfants dans leurs jeux.

— Et papa disait toujours en plaisantant qu'on ne
lui laissait à manger que le « nez du pape » (le crou-
pion), lui qui n'était pas curé, et mère répondait :
« Heureusement, père. Si tu l'avais été, je ne t'aurais
jamais épousé. On dit que le révérend M. Tweak
laisse mourir de faim Mme Tweak. »

Les champs de l'Indiana semblaient s'étaler tout à
côté, le garçon en sentait presque l'odeur et il en
oubliait celle qu'il avait dans les narines depuis le
moment où il s'était retrouvé dans la boue, ses jambes
et son pantalon une même bouillie sombre.

Pas un instant Walt ne relâcha son assiduité auprès
des blessés, car chaque jour amenait de nouveaux
hommes dans les hôpitaux déjà pleins. En mai la
bataille de Chancellorsville secoua le moral de l'Union
presque aussi durement que celle de Bull Run deux
ans plus tôt. Hooker, qu'on surnommait « Joe le
Brave », avec une armée presque deux fois plus importante que celle de Lee avait été complètement écrasé.
Ses réserves étaient sans généraux et terriblement
massacrées. Washington reçut les débris avec tristesse. Meade remplaça Hooker, comme Hooker avait
remplacé Burnside, et les hommes se consolaient
comme ils pouvaient à l'idée qu'au moins Jackson « le
Rempart » ne gagnerait plus de victoires. Après Chancellorsville les événements se déroulèrent avec fracas,
comme le canon qui les accompagnait. Lee traversa le

Potomac et bien que Meade le tînt en échec en Pensyl-vanie, il reforma son armée avec une cohésion magis-trale et se prépara à écraser l'Union à Gettysburg.

Le 2 juillet, Longstreet, têtu et sûr de lui, retarda son attaque au Little Round Top et fut finalement repoussé par Sickles et les renforts haletants de Sedg-wick. Elwell balaya Culp's Hill qu'il perdit le lende-main, et la dernière manœuvre de Lee s'annonça par une canonnade de deux cents canons.

Pickett, comme Ney à Waterloo, dirigea la première des deux charges les plus remarquables de l'histoire militaire moderne. Il conduisit sa division, dernier espoir du Sud, treize mille soldats aguerris, au devant des fusils de Hancock. Les flots gris ne tremblèrent pas, même sous le feu de la brigade du Vermont, com-mandée par Stannard, mais ils ne purent avancer.

Le jour suivant, le long de Pennsylvania avenue à Washington, il faisait beau, il y avait du soleil. Il avait plu la veille et la poussière avait été lavée. Walt, en passant devant le tableau des nouvelles du bureau d'un quotidien, vit cette nouvelle :

« Glorieuse victoire de l'armée de l'Union. »

Il lut que Meade avait battu Lee et fait trois mille prisonniers. La joie s'étala rapidement le long de l'avenue, et Walt, l'esprit en fête, acheta en route pour l'hôpital des bouteilles de sirop de mûres et de cerises. Il passa dans les salles avec l'annonce de la victoire, mélangeant ses sirops à de l'eau glacée, et les servant lui-même aux hommes couchés. La boisson fut reçue avec plus d'enthousiasme que les nouvelles, car les hommes avaient perdu tout intérêt pour la gloire martiale. Il y eut une ébauche d'applaudissement, comme un feu qui essaie de prendre, sur l'oreiller d'un convalescent, mais tout s'éteignit vite. Des blessés écoutèrent, sans expression, sans intérêt. La guerre était finie pour eux, ils étaient las. Ils burent leur sirop accrochés d'une main au poignet de Walt et murmurant avec des lèvres humides et reconnaissantes : « Merci, Walt, tu es chic. »

Certains des plus jeunes, regardant devant eux avec des yeux étonnés un monde qui semblait vide d'affection et de tendresse, s'accrochaient à Walt dans l'espoir à demi fiévreux qu'il se transformerait peut-être par miracle et qu'au lieu de Walt le brave et bon type, ils trouveraient leur père et leur mère qui les avaient soignés et protégés. Ceux-là, Walt en les quittant, les embrassait toujours aussi tendrement que s'ils étaient les siens. Cette féminité de sa nature qui lui avait inspiré l'horreur de la tuerie se marquait dans la merveilleuse sollicitude de ses soins et lui permit de se sentir, avec les hommes pour lesquels il avait de l'affection, en communion aussi parfaite et aussi inconsciente que s'il était un enfant. Ses baisers n'avaient rien d'étrange pour les enfants torturés couchés sur les lits de camp. Ils étaient sans amis dans une ville étrangère, dont ils ne savaient rien, sinon qu'ils y avaient souffert l'agonie. Aussi acceptaient-ils la douceur de Walt et son affection avec une reconnaissance mêlée de la croyance folle que leur famille l'avait envoyé, d'une façon ou une autre.

L'argent avec lequel Walt achetait ses petits cadeaux et régalait ses malades lui était envoyé par ses amis de New-York et de Boston à qui il faisait part de ses souhaits. Émerson et Wendell Phillips et d'autres envoyèrent leur contribution. En février 1863, Walt, grâce à l'appui de John Hay, un garçon de vingt-cinq ans, qui était le secrétaire personnel du Président et un admirateur des *Feuilles d'Herbe*, put retourner à Brooklyn pour un mois.

Ses récits de la vie d'hôpital lui permirent de rassembler bien des offrandes. A Brooklyn, pour employer les mots de Walt, Louisa naviguait parmi les ennuis et les découragements comme un noble vieux vaisseau. Andrew Whitman, son plus jeune frère, qui avait reçu au baptême le nom d'Andrew Jackson, le héros modèle de son père, se mourait, après une vie courte et sans bonheur, d'une maladie que ni le bon vieux docteur de la famille ni Louisa ne pouvaient combattre.

Walt, après s'être rendu compte que Brooklyn et New-York avaient été supplantés dans son esprit par Washington, s'en revint dans la capitale et reçut, peu de temps après son retour, une lettre qui lui annonçait la mort de son frère. Son premier sentiment fut d'amour et de dévotion totale à sa mère. Elle vieillissait, mais chaque épreuve la laissait plus pure et plus noble. De penser à elle, presque seule dans la grande maison, puisque Jeff était marié, George soldat, Andrew mort, Jesse parti Dieu sait où, et ses sœurs occupées et souvent absentes, le remplissait du mal du pays, du désir d'être avec elle. Les hôpitaux le retenaient néanmoins à Washington, et cette vie sombre et monotone lui plaisait plus que l'existence plus gaie des villes du Nord. Il avait moins de sympathie maintenant pour ses occupations citadines.

« La vie dans les villes et le but de presque tous ceux qui y vivent me semblent bien vains et bien vides depuis que je suis revenu cette fois-ci », écrivait-il à son ami Charles W. Eldridge, l'éditeur de Boston. Il parlait aussi d'un nouveau livre de poèmes qu'il composait, *Roulements de Tambour*, où il avait exprimé ses impressions de guerre dans des vers qui le satisfaisaient tout autant que ce qu'il avait écrit jusqu'ici. A son arrivée dans la capitale, après l'hôpital sur le Rappahanok, son ami W. D. O'Connor et sa femme l'avaient supplié d'accepter leur hospitalité. Ils avaient déménagé peu après, et Walt, tout entier consacré à son métier d'infirmier, mangeant à peine et dormant à peine, s'était installé dans le grenier d'une pauvre maison à 456, 6e rue.

Le major Hapgood, trésorier-payeur de l'armée, avait donné à Walt, sur la recommandation d'Émerson, un emploi dans son bureau et là, deux ou trois heures par jour, il gagnait quelques dollars à copier des documents. Quand son travail était terminé, il allait acheter avec son maigre salaire des fruits, des cahiers bon marché et des crayons pour ses innombrables blessés.

La nouvelle arriva de Brooklyn que Jeff, maintenant le seul soutien de sa mère et lui-même père de famille, serait probablement obligé de prendre du service. Walt se fit encore davantage de souci pour Louisa. Puis, de temps en temps, la pensée de ses manuscrits laissés à la maison sans soin et peut-être perdus, le déprimait terriblement.

« Mère, quand toi ou Jeff m'écriras à nouveau, dis-moi si mes papiers et mes manuscrits sont en bon état. Je serais très ennuyé s'ils étaient dispersés ou perdus, surtout en particulier l'exemplaire de *Feuilles d'Herbe* couvert de papier bleu et le petit livre manuscrit des *Roulements de Tambour*, et le manuscrit ficelé dans une couverture volante. Je veux qu'on les garde soigneusement. »

Il avait obtenu des lettres de recommandation pour Chase, le grand ministre des finances, et pour Sumner, le sénateur du Massachussetts, mais il ne les présenta pas tout de suite. Un hôte du grand ministre, J. T. Trowbridge, avait remarqué Walt dans les rues ; il insistait pour que Walt remît la lettre adressée à Chase, d'autant plus qu'elle était écrite par Émerson. Trowbridge en parla un soir chez le ministre qui répondit que s'il en prenait connaissance, il pourrait peut-être faire quelque chose pour Walt. Trowbridge, enchanté, se procura la lettre et la passa à Chase, sûr d'avoir rendu service à Walt. M. Chase parut profondément intéressé par l'écriture et la signature, mais sembla hésiter sur le contenu.

— Un cigare, M. Trowbridge ? Trowbridge refusa.

— Est-ce que vous savez, M. Trowbridge, que ce garçon a écrit un livre licencieux ? Un livre très licencieux ?

— Ah, mais si Émerson le recommande, c'est que cet homme le mérite, M. Chase.

— Eh, oui. Oui, évidemment, c'est vrai, M. Trowbridge. Mais un homme comme Émerson peut accepter des choses que notre ami le public n'acceptera pas.

— Mais le public n'en saura rien, si vous le nommez à un petit emploi, dans quelque petit bureau, qui peut l'empêcher de mourir de faim, M. Chase. Cet homme est admirable pour nos blessés, admirable, et je sais, personnellement, qu'il vit dans des conditions tout à fait misérables.

— Heu, M. Trowbridge, j'ai peur, oui, j'ai peur que ma conscience ne me permette pas de nommer à un emploi public un homme qui a écrit un livre licencieux.

Trowbridge en demeura stupéfait. Il fixa du regard la bouche du ministre des finances comme s'il venait d'en voir sortir des flammes. Avec de l'humeur, M. Chase replia la lettre, mais comme il allait la rendre il s'arrêta. Sur son visage massif, une expression de contentement remplaça la colère.

— Vous savez, M. Trowbridge, comme cette lettre m'est adressée, je crois que je peux la garder. Je ne la détruirai pas, je ne sais pas pourquoi j'allais la rendre. Je ne pense pas que Whitman en ait besoin. Moi si, je garde l'autographe d'Émerson. C'est un grand homme, M. Trowbridge, qu'Émerson, une grande âme et un grand esprit.

Il souriait. Il avait, Trowbridge s'en rendit compte, oublié l'existence de Walt. Dignement et cérémonieusement froid, Trowbridge quitta le palais du ministre. Ainsi Walt ne tira aucun bénéfice de cette recommandation. O'Connor écrivit également à Chase, et Walt lui envoya un volume dont on accusa réception, mais il n'en sortit rien. La vérité c'est que peu de temps après sa conversation avec M. Trowbridge, M. Chase avait rendu visite à une dame de Washington pour qui il professait une admiration empressée. Ayant lu quelques poèmes des *Feuilles d'Herbe*, il était honnêtement sûr que ce livre était obscène et, bien qu'assez amusant, on ne pouvait en aucun cas le louer ou même le mentionner en présence d'une dame. C'est pourquoi, quand il aperçut sur la table du salon de cette dame l'épaisse édition de 1856, il fut rempli d'une stupeur qui ne tarda pas à devenir une extrême indignation. La dame entra, avec une grâce et une déférence qui lui allaient fort bien. Après des saluts dont la rigidité étonnèrent quelque peu l'hôtesse, le ministre des finances, sombre et sévère, souleva sa grande main, qui cachait le fruit du génie de Walt.

— Madame, dit M. Chase, et les cristaux du lustre agitèrent légèrement leurs éclats réfléchis, Madame, qu'est-ce que cela fait ici ?

La dame, après avoir surmonté l'horreur que causait au début les effusions whitmaniennes, était devenue une disciple passionnée. Elle fut soudain remplie d'une fureur froide et courageuse.

— Monsieur, — sa voix attaqua aiguë comme un poinçon — Monsieur, à propos, qu'est-ce que vous faites ici ?

Salmon P. Chase n'avait pas eu l'occasion depuis bien des années d'être ainsi défié. Il parla quelques minutes et jamais son attitude gigantesque n'avait paru aussi imposante ni si terrifiante, mais il avait perdu la souplesse nécessaire pour un duel au fleuret. Son sabre était encombrant et inutile devant le poignard, effilé comme une aiguille, de la championne whitmanienne.

Sa voiture le ramena chez lui moins d'une demi-heure après. Walt Whitman devint pour lui un sujet qu'en toute justice il trouvait dangereux pour son foie et par conséquent, pour la paix de son esprit. Son cocher s'en souvenait, il avait été dans une fureur considérable quand il était sorti de chez cette dame.

CHAPITRE XVII

Walt souffrit peu d'être sans occupation officielle, mais il ne pouvait apporter aux hôpitaux autant de petits cadeaux qu'il l'aurait voulu. Grâce aux contributions envoyées du Nord, il n'arrivait jamais dans les salles les mains vides, mais ses maigres ressources suffisaient à peine à ses propres besoins, pourtant bien réduits. Dans son galetas, une pièce nue, au sol jonché de papiers ramassés au hasard et tout couverts de gribouillages, il déjeunait le matin pour quelques sous et dormait la nuit sans confort. Il prenait ses autres repas quand il le pouvait, et bien qu'il eût toujours le même appétit solide, il le satisfaisait rarement. Rien ne fut donc changé dans ses habitudes, puisque les lettres d'introduction ne lui avaient pas servi.

Apprendre que M. Chase le trouvait un auteur trop licencieux pour lui accorder un emploi gouvernemental, diminua l'opinion qu'il avait du grand ministre, mais le laissa froid. En allant et venant d'un hôpital à l'autre, Walt avait souvent rencontré le Président, et les deux hommes en étaient venus à se saluer avec cordialité. Dans l'opinion de Walt, M. Lincoln était un homme qui, s'il en avait eu le temps, aurait pu lire

Feuilles d'Herbe et comprendre. Là était la diffé-
rence entre le Président et son ministre. Chase avait
beau être grand sous certains aspects, sous d'autres
il était bien petit, décidément.

Pendant l'été de 1863, la chaleur accabla les habitants de Washington. Le matin, de bonne heure, Walt
pouvait voir le Président qui sortait à cheval, avec un
chapeau haut de forme et de vieux vêtements noirs et
rapés. Il montait une grande bête grise avec la dégaine
d'un garçon de labour vieilli. A ses côtés, chevauchait
un jeune lieutenant de cavalerie, et, derrière, deux par
deux, couraient d'un trot rapide deux douzaines
environ de soldats au visage tanné et sans expression.
Walt s'arrêtait et saluait militairement, observant le
visage brun, ridé de M. Lincoln et la tristesse profonde
de ses yeux. Sa tête, pensait Walt, aurait pu être
sculptée par un Michel-Ange américain ; belle à force
de laideur avec sa bouche étrange, ses rides profondes
et entrecroisées, et son teint de vieux biscuit. Les
sabres cliquetaient, les sabots résonnaient dans un
rythme bruyant, et la cavalcade passait, laissant Walt
à ses réflexions sur le trottoir.

Plus il pensait à M. Lincoln, plus il était convaincu
que c'était un grand homme, un grand chef, un personnage qu'on pouvait aimer et suivre. Le Président,
de son côté, voyait avec plaisir ce géant à barbe grise,
au teint coloré, au large chapeau, qu'il rencontrait
dehors de si bon matin et dont le geste de salut assuré
lui faisait paraître la route plus gaie. Un jour déjà
il avait remarqué, des fenêtres de la Maison Blanche,
Walt qui s'arrêtait pour échanger quelques paroles et
un grand rire joyeux avec la sentinelle de faction et il
avait demandé qui c'était. On le lui avait dit. « Eh,

bien » avait répondu M. Lincoln en enfonçant les mains sous les basques de sa redingote, « voilà un homme ».

En février 1864, Walt se dit que son expérience de la guerre était incomplète s'il n'assistait pas à une vraie bataille. Il quitta Washington et tranquillement se rendit à Culpeper en Virginie où il respira l'âcre atmosphère des engagements, cette tension qui accompagne la mise en œuvre d'une défense ou la préparation d'une attaque, — il n'assista cependant à aucun combat ni même à aucune escarmouche.

De retour à Washington, il apprit avec plaisir que Grant avait été fait commandant en chef des forces de l'Union. Pour Walt, le Nord avait trouvé en ces deux hommes une combinaison imbattable, Lincoln et Grant, Grant ce petit homme silencieux qui oubliait toujours d'allumer son cigare et devant qui Vicksburg n'avait pu opposer qu'une molle défense. Les hôpitaux étaient aussi remplis que jamais et la campagne de Wilderness amenait des blessés par milliers dans les salles encombrées. Walt y allait chaque jour, s'asseyait près de ces garçons mourant ou respirant à peine, les éventant, leur parlant, rendant moins dure la mort ou plus supportable le long tourment de la convalescence. « Qu'y a-t-il, enfant ? » et les langues desséchées donnaient, avec confiance, ces petites nouvelles que Walt n'oubliait jamais, pour pouvoir informer une mère du sort de son fils dans la mort ou sur le chemin qui ramène péniblement à la vie.

Mais les longues heures dans l'air épais, lourd de putréfaction et de gangrène, finirent par avoir raison de sa santé. Walt qui se vantait toujours d'être fort comme un buffle, était un homme de grand air qui avait besoin d'exercice régulier. Il fut atteint soudainement. Une après-midi, alors qu'il quittait le chevet d'un garçon accroché à lui de peur que le miracle de sa présence bienfaisante ne s'évanouît dans l'air, il chancela. Un infirmier s'arrêta.

— Ça ne va pas, Walt ?

— Tom, j'ai la tête qui tourne. Je me sens défaillir ; j'ai eu des vertiges tous ces temps derniers.

Il rentra chez lui. Il souhaitait pour se guérir l'air pur de Brooklyn qui entrait par sa fenêtre, dans la maison de Portland avenue. Au milieu de la nuit, il se réveilla dans son galetas la tête comme une bouillotte où il n'y aurait plus assez d'eau. Un cliquetis de ferraille, un malaise étouffant, des bourdonnements d'oreille. Il avait soif et le souvenir du puits derrière la vieille maison de West Hills lui était une torture. L'eau y était toujours fraîche, si fraîche et si claire et si calme par la sombre ouverture. L'eau dans la cruche écornée à côté de son lit n'était pas comparable. Comme sur une espèce de tapisserie mouvante, il vit les caves chez Pfaff, les larges bocks rehaussés de perles brillantes et froides, l'écume neigeuse montant lentement, légère et amère. Il but à sa cruche et avala péniblement une eau tiède, réalité morne qui dissipait mal sa soif. Le lendemain il étonnait un docteur de ses amis qui avait fini par le considérer comme un mécanisme physique indestructible, en lui demandant de l'examiner. Avec des doigts expérimentés et des questions sans façon, le médecin en arriva à conclure que Walt avait besoin de repos, tout de suite. Il le lui dit avec un sourire, mais sans plaisanter. Walt le regarda, ses yeux gris bleus se remplirent d'une joie enfantine.

— Continuez, docteur, des vacances ?

— Mais oui, mon cher. De suite. Pourquoi tarder ?

— Je vais rentrer à la maison, à Brooklyn.

— C'est ça, très bien.

Walt lui serra la main. Il allait partir, mais s'arrêta.

— Vous savez, docteur, si je m'en vais, je vous demanderai d'avoir l'œil pour moi, je vais leur manquer, ce sont de sales cas, peut-être des cas désespérés. Vous leur direz que je suis parti pour peu de temps, que je reviendrai bientôt avec des tas de bonnes choses.

Le docteur fit un signe de tête.

— Walt, vieux coquin, vous avez fait croire à plus de la moitié des blessés de Washington que vous êtes leur père et leur mère en une personne, et avec la barbe de saint Nicolas par-dessus le marché. Écrivez-moi leurs noms.

C'était en juin. Transporté par l'idée des vacances, d'un bain sur une grève de Long-Island, d'une balade le long de Broadway, de repas agréables avec sa mère, peut-être avec Jeff et ses petites filles, Walt décida de repousser son départ, pour qu'il lui parût plus merveilleux dans l'attente. A Washington, la température comme l'été précédent, était mortelle. Vers le milieu du mois, Walt réunit toutes ses ressources et parut à l'hôpital Carver chargé de sorbets. Entraînant le médecin-chef et un escadron d'infirmières, il traversa les salles suffocantes, en distribuant les petites montagnes molles, prévenant les hommes de les manger vivement pendant qu'elles avaient encore quelque consistance. Il y eut un grand enthousiasme ; une gaîté inaccoutumée passa dans l'air lourd. Walt nourrit lui-même ceux dont les bras étaient immobilisés et ceux, lamentables qui n'en avaient plus du tout.

— Comment ça va ? Comment trouves-tu ça ? C'est du vrai, hein ?

Et les lèvres sèches toutes barbouillées de blanc, de répondre : « Dis, c'est épatant. C'est épatant, Walt » et avalaient dans l'extase.

Le mois de juin passa et juillet prouva à Walt que s'il voulait arriver à Brooklyn autrement que sur une civière, il devait partir.

Il avait assisté par une journée torride à l'amputation du membre pourri de gangrène d'un soldat qui portait l'uniforme en lambeau de l'armée grise quand on l'avait amené. La main de Walt avait glissé en essayant d'agripper l'épaule du malheureux. Le couteau infecté du chirurgien l'avait entaillé. Son bras avait rapidement gonflé, mais la blessure s'était guérie comme Walt l'avait prédit.

— Diable, avait-il dit, une coupure à la main ; mais docteur, je suis sain comme l'œil. Les vertiges augmentèrent et, à son grand embarras, il s'évanouit un soir en pansant la plaie d'un garçon de l'Ohio qui ne voulait être soigné que par lui. Ayant repris connaissance, il avait assuré le malade que le pansement n'avait rien eu à faire avec son évanouissement.

— Non, non, mon cher petit. Mais j'ai été patraque ces derniers temps.

Le lendemain, il partit pour Brooklyn, en principe pour prendre un repos de quinze jours. Il avait rencontré dans la rue le médecin qui lui avait conseillé de partir et ce dernier s'était indigné.

— Qu'est-ce que vous faites ici, bon Dieu, Walt ? Il me semble que je vous avais dit de rentrer chez vous il y a un mois.

— Oui, docteur, je pars cette semaine.

— Écoutez un peu, Walt, vous avez besoin, vous, d'une infirmière. Vous ne savez pas vous soigner. Si vous n'avez pas quitté Washington demain, j'enverrai une escouade d'internes pour vous chasser.

Il en avait dit bien plus, sautant tout autour de son énorme patient, comme un fox-terrier. Walt avait fini par enfoncer son chapeau sur les yeux. Il se sauva, poursuivi par les cris du docteur :

— Filez, filez.

Il fila, et à Brooklyn Louisa oublia son rhumatisme dans son angoisse, et la colère de le voir se soigner si mal.

La quinzaine qui devait suffire à son loisir et à son repos passa, il était encore au lit, révolté mais sans défense sous la domination ferme et capable de Louisa. Il resta dans le Nord six mois, les poisons de son corps cédant lentement à l'air frais, à la nourriture préparée par sa mère et au repos continu. Il fit de nouveau son apparition chez Pfaff et but l'ale déclarée par Pfaff lui-même la plus saine des bières que jamais dans une vie d'honnête buveur d'ale, il eût jamais tirée. Le gros patron lui sauta au cou quand il entra ; les cheveux de Walt étaient un peu plus blancs, mais son visage était toujours aussi bronzé. Les convives le saluèrent, bien que peu d'entre eux le connussent autrement que de nom : *Sollst Leben* — A votre santé — et l'ambre glacée au faux-col crémeux baissa de plusieurs pouces dans les lourds bocks.

— Vous connaissez le nouveau toast « A notre victoire » ? demanda l'Allemand.

— A notre victoire contre les rebelles, répliqua Walt. Rudement nouveau si vous y pensez. Ça date de Grant.

Il se mit à rêver. La stratégie de Grant et le
batailles de Wilderness, Spottsylvania, Court House,
North Anna et Cold Harbour avaient été terriblement
coûteuses. La bataille de Cold Harbour en particulier
avait été difficile à expliquer, même pour les admi-
rateurs de Grant. Walt, en parlant, remarqua que
Herr Pfaff, tout en levant son verre, faisait une légère
moue de doute.

— Oui, Grant est l'homme qu'il nous faut sûrement.
Il a été battu, mais il revient à la charge, toujours.
Il sera dans Richmond, et sans tarder.

Son hôte sourit. — Ainsi *doch !* souhaitons-le...
à notre victoire !

Les deux hommes burent.

A Brooklyn, Walt passa des heures pleines de charme
à converser avec un des enfants de Jeff, une petite
fille qu'on avait baptisée California dans un moment
de fantaisie. Le point de vue de California sur la vie
étonnait et enchantait Walt. Elle considérait son père,
qui était maintenant un ingénieur civil de réputation
grandissante, comme le chef suprême d'une hiérarchie
splendide composée dé personnages bien connus :
M. Lincoln, le général Grant, l'oncle George, grand'
maman Whitman, George Washington, Moïse et John
James Healy, un jeune homme qui l'avait trouvée
un jour, perdue avec sa poupée dans Fulton street
et qui l'avait ramenée à la maison sur son épaule
après l'avoir magnifiquement régalée avec des glaces.
Elle lui avait expliqué le fait assez curieux du manque
de nom apparent de sa poupée et M. Healy avait
parfaitement compris ses sentiments — c'était franchir
avec succès une épreuve décisive. California n'avait
jamais donné définitivement de nom à sa poupée

mais en changeait une demi-douzaine de fois par jour, les imaginant au fur et à mesure selon son humeur. Par exemple, Angelina, un nom superbe en soi, était absurde le jour où la pluie troublant un pique-nique, la poupée ne s'était pas aperçue de cette tragédie. Ag était alors un nom mieux approprié ; il y avait une raideur monosyllabique dans Ag. On pouvait le dire brièvement, avec mépris ou colère. Cela convenait à une personne bête. M. Healy avait été d'accord là-dessus et même il avait trouvé trois noms excellents pour la poupée correspondant à trois humeurs. C'était un homme intelligent.

California examina le caractère et les manières de son oncle Walt et l'admit dans sa cohorte d'êtres supérieurs, à une place subalterne comme il convient à quelqu'un qui n'était pour ainsi dire qu'un novice. Mais en peu de temps, il franchit tous les grades. Une seule personne avait jamais dépassé son père, un jeune homme à barbe dont elle avait vu des images et dont les paroles étaient tenues en haute estime par son père et sa mère. Walt put rapidement partager le rang de son père.

Il trouvait beaucoup d'intérêt dans ses promenades avec California. Au retour, elle était presque toujours perchée sur les épaules de son oncle, une petite main brune accrochée à son cou, et de l'autre saluant d'un air protecteur et aimable ses contemporains qui ne possédaient pas ce phénomène d'oncle.

Ses observations sur la vie et les choses curieuses qu'on y trouvait, étonnaient Walt par leur exactitude. Il n'avait pas remarqué que les chats étaient une race discourtoise et assez arrogante, mais charmante et facile à diriger quand ils étaient jeunes, tandis que

les chiens, jeunes et vieux, étaient pleins de sympathie pour les petites filles. Il admit néanmoins après
réflexion que c'était vrai.

Il lui fut prouvé aussi par California qu'il est fou
d'être immodéré. California avait eu depuis des années
une passion pour le sucre d'érable qui, jusqu'à ces
derniers temps, n'avait jamais été complètement
satisfaite. Elle avait rêvé de maisons en sucre d'érable,
avec un mobilier en sucre d'érable, tout dedans en
sucre d'érable. Elle avait imaginé d'effrayantes et
délicieuses débauches de sucre d'érable. La réalisation
de ces rêves n'avait jamais eu lieu. Mais récemment,
chuchota-t-elle, dans la barbe chatouillante de son
oncle, récemment elle avait pu mettre la main sur
une pleine boîte de sucre d'érable laissée dans le garde-
manger. Elle l'avait dévorée en une fois, avec joie
d'abord, puis le temps s'écoulant, avec une certaine
lourdeur. Vers le soir, cette lourdeur s'était aggravée
au point de la forcer à une complète confession à sa
mère, et la nuit avait été hideuse. Le sucre d'érable
avait refusé de rester en repos et il avait fallu prendre
d'horribles médecines. Elle tirait un voile sur beaucoup de détails, mais la morale, comme Walt s'en
rendait facilement compte, était que si elle en avait
mangé modérément, elle aimerait encore le sucre
d'érable. Pour le moment, la pensée du sucre d'érable
l'écœurait.

Walt était tout de suite frappé par sa logique et
aussi par ses méthodes de diplomatie, car il était sûr
maintenant qu'elle l'avait vu acheter du sucre d'érable
avant de partir cet après-midi. Cette délicatesse qu'elle
avait dans l'art de suggérer, le remplissait d'admiration. Aussi quand il alla chercher, près du bac, son

journal du soir, California remarqua que le comptoir auquel il s'arrêtait était un bon comptoir puisqu'on y vendait non seulement des journaux, mais des cigares et des bonbons. L'astuce de tous deux était profonde.

A la maison, pendant les six mois de sa cure de repos, Walt fut complètement heureux. Louisa cuisait les repas et tous deux restaient longtemps à table à parler. Leurs opinions sur la guerre et la politique et la grandeur de M. Lincoln étaient entièrement en sympathie. L'intelligence de sa mère le surprenait toujours un peu. Malgré son manque d'instruction, Louisa, qui avait de grandes capacités naturelles, jugeait hommes et événements avec finesse, et elle discutait les caractères de ceux-là et le sens de ceux-ci avec une perspicacité sûre. Il comptait plus sur le jugement de Louisa que sur le sien. Elle voyait à fond les choses ; lui aussi, mais de mille angles. Sa vision était moins éblouissante et cela l'étonnait que Louisa pût développer les idées qu'il avait émises sur les suites de la guerre par des remarques pleines de sens. Cela l'étonnait qu'elle eût une connaissance de la nature humaine si étendue ; il en était heureux. Tous deux parlaient toujours sur le même plan, Walt aussi sûr d'être compris que s'il conversait avec O'Connor ou Eldridge, aussi certain de provoquer des répliques intéressantes. Vers la fin de janvier 1865, le poison semblait si bien parti de son corps qu'il décida de retourner à Washington. Il souhaitait reprendre son rôle d'infirmier, désir que des visites fréquentes à des hôpitaux militaires de New-York avait aiguisé.

En février, après avoir promis à California de transmettre ses messages au Président et au Comman-

dant en chef des armées de l'Union, ayant rassuré
Louisa sur sa santé et bu un bock d'adieu chez Pfaff,
il retourna dans la capitale. La chance semblait pen-
cher de son côté. George qui avait été un certain
temps prisonnier de guerre, bien que dans des conditions nullement alarmantes, fut échangé et ses nouvelles le montrèrent pareil à toujours, têtu, silencieux,
affectueux. Comme Grant, George semblait un ennemi
de trop grande envergure pour le Sud.

Enfin, Walt obtint un emploi du gouvernement, un
bureau à l'*Indian Office* (Service des Indiens), au
ministère de l'intérieur. Il y remplit confortablement
une occupation qui ne le fatiguait pas et qui lui
donnait assez de temps libre pour écrire de nouveaux
poèmes, tout en préparant son prochain volume.
Roulements de Tambour allait être publié à ses frais,
et comme le précédent six ans auparavant, il devait
paraître sans nom d'éditeur.

Le 4 mars, Walt, les yeux brillant d'admiration et
d'affection, assista à l'investiture de Lincoln élu pour
la deuxième fois. Il vit à midi le Président aller seul
en voiture au Capitole, avec un air triste et sérieux
sur son visage ridé et à trois heures revenir accompagné de son fils de dix ans, dans le carrosse à deux
chevaux, escorté par des gardes civils montés.

Walt assista à la grandiose réception au palais exé-
cutif, porté par la foule dans les chambres pleines de
gens, sans avoir besoin d'autre énergie consciente que
celle nécessaire à ne pas être étouffé.

« J'ai vu M. Lincoln », écrivait-il plus tard, « tout
de noir vêtu, avec des gants de chevreau blanc et un
habit à queue de pie, recevant comme forcé par le
devoir, serrant les mains, ayant l'air désespéré comme

s'il eût donné tout au monde pour ne pas être là. »

Il ne revit jamais Lincoln. Walt avait obtenu un congé et était allé à Brooklyn pour publier les *Roulements de Tambour*. Le matin du 15 avril, il était attablé à son petit déjeuner avec Louisa, parfaitement ignorant de l'existence d'un homme nommé John Wilkes Booth. Il ouvrit l'*Eagle*, le secouant à plat et allongea la main droite vers sa tasse de café. Louisa leva les yeux et fut surprise.

— Mais, Walt, qu'est-ce qu'il y a ?

Son fils avait pris une expression de douleur, d'une douleur si personnelle et si accablante qu'elle s'effraya. Il lui passa le journal. En hésitant, Louisa épela la manchette. Ni l'un ni l'autre ne parlèrent, mais dans leurs deux cœurs, la peine éclata, grandit et fleurit comme ces plantes qui en une abondance folle, poussent et fleurissent si rapidement que les deux fonctions semblent n'en faire qu'une. L'assassinat de M. Lincoln était pour tous les deux un deuil personnel, et pour Louisa une insulte et une provocation à Dieu. Walt sortit, et d'heure en heure rapporta de nouvelles éditions. Comme il l'écrivit plus tard, la mère et le fils se passaient silencieusement les nouvelles tragiques. Les tâches journalières s'accomplirent machinalement.

C'était le printemps à Brooklyn le long des chemins poussiéreux, secs après les pluies de mars. Les lilas dans les jardins envoyaient leur parfum mauve à travers les barrières blanches jusque sous le nez des passants. Dans la conscience de Walt, leurs grappes s'associèrent indissolublement à la calamité qui était arrivée à la nation. Il lui fallut exprimer en poésie la peine qui le remplissait. L'impulsion à créer le poussa dans sa chambre ; il y passa les jours qui suivirent la mort du Président, à écrire ses pensées dociles et fluides, couvrant le papier blanc de son écriture cursive, revisant, effaçant, composant et finissant. *Roulements de Tambour* était trop avancé pour y inclure ces poèmes qui finirent d'ailleurs par être reliés avec les exemplaires invendus de ce volume. Mais jamais Walt n'oublia cet événement, qui garda toujours pour lui sa vivacité.

Pendant un certain temps, il ne prit même pas garde à la fin de la guerre, à l'arrêt du carnage et de la mutilation des hommes. Tout cela semblait ne pas compter, effacé par cette lourde rançon qu'avait exigée le salut de l'Union. En esprit, il revoyait constamment ce visage fatigué, ces yeux, et leur expression de triste tolérance, qui pendant vingt mois avaient forcé son respect et son affection. Il se rappelait le lendemain du jour de l'investiture et ses propres impressions écrites ensuite. Il avait eu l'air « très usé, fatigué, les vraies rides des grandes responsabilités, des questions compliquées de la vie et de la mort sur sa sombre face brune et pourtant, sous les sillons, la bonté de toujours, la tendresse, la tristesse, la finesse. Je ne vois jamais cet homme sans sentir qu'il est de ceux à qui on devient personnellement attaché, à cause de ce mélange de la tendresse la plus pure, la plus cordiale avec le courage viril des hommes de l'Ouest. »

Walt revint à son bureau de l'*Indian Office*, à ses écrits et aux visites aux blessés, car les hôpitaux restèrent pleins pendant longtemps encore. Il avait ces quatre dernières années profondément menti à sa réputation de flâneur, mais subtilement il était devenu, d'une façon incomparable, infiniment plus magnifique.

CHAPITRE XVIII

John Burroughs à vingt-huit ans était employé au ministère des finances. Il était arrivé à Washington en 1863 après avoir été garçon de ferme, instituteur, journaliste. Il avait écrit à vingt-trois ans un essai sur l'expression publié dans l'*Atlantic Monthly*, généralement attribué à M. Émerson ; et ce fut à vingt-trois ans qu'il acheta un exemplaire de *Feuilles d'Herbe* de l'édition de 1860, publiée par Thayer et Elridge à Boston, avant que la guerre ne les contraignît à renvoyer le livre à Walt. Le jeune M. Burroughs devint comme O'Connor un fidèle. Un jour qu'il se promenait de bon matin dans les environs de Washington, il remarqua un homme de haute stature balançant un havre-sac sur l'épaule, tête nue et la barbe grise flottant au vent. M. Burroughs reconnut Walt avec grand plaisir ; il l'avait vu bien des fois à Washington et tous deux se saluaient toujours cordialement.

— Bonjour.

— Bonjour, quelle belle journée !

— Allez-vous de mon côté ?

— Eh bien, Monsieur, je me rends à un hôpital qui se trouve dans cette direction. Allons ensemble.

M. Burroughs accepta la proposition avec enthousiasme. Il s'aperçut qu'il parlait avec éloquence de la beauté de la matinée et du bonheur d'être dehors à un pareil moment. Il parlait sans arrêt, Walt écoutait et de temps en temps faisait une remarque. Ils arrivèrent à l'hôpital, bras dessus bras dessous, une paire d'amis. A partir de ce moment, Burroughs et Walt se virent à peu près tous les jours. Le dimanche matin, de bonne heure, Burroughs venait chercher Walt dans sa mansarde et tous deux s'en allaient pendant des kilomètres, conversant sur une infinité de sujets, mais John regardant par hasard sa montre, poussait une exclamation. Walt, pour qui le temps n'avait qu'une importance relative, s'arrêtait et regardait le soleil avec consternation.

— Déjà ?

— Eh oui, mon Dieu, nous sommes déjà une demi-heure en retard. Demi-tour, marche.

Pendant tout ce temps, le petit déjeuner était prêt et brûlait au four ; Mme Burroughs se tenait à la fenêtre, pensant à tous les reproches qu'elle voulait leur faire. Vers les dix heures, ils arrivaient allègrement, son mari par derrière, cherchant à expliquer par une pantomime effrénée que cela ne se reproduirait plus. Quant à Walt, son humeur était d'une gaieté diabolique.

— C'est la faute de sa montre, expliquait-il solennellement, elle retarde ou a quelque chose. Quelquefois elle s'arrête, ne marche plus du tout.

Mme Burroughs se consolait de sa déconvenue en expliquant que la nourriture ne pouvait être cuite à point, mais cet argument ne portait pas, parce que Walt jurait n'avoir jamais mangé rien de si succulent et d'aussi parfaitement préparé, sinon chez sa mère.

Burroughs devint un ami si ardent qu'il égala en dévouement le spirituel et bienveillant O'Connor. O'Connor à trente ans était un homme de lettres que la malchance avait détourné d'une carrière littéraire brillante. Quand Walt avait fait sa connaissance en 1860, dans les bureaux des éditions Thayer & Eldridge, il travaillait à un roman intitulé *Harrington*, auquel ses amis et ses éditeurs prédisaient un grand et durable succès. *Harrington*, comme l'édition de 1860 des *Feuilles d'Herbe*, souffrit profondément de la guerre. Ce fut un désastre financier à peu près complet, et O'Connor chercha un emploi gouvernemental, mono- tone, mais payé régulièrement. Comme fonctionnaire au Bureau des Phares, il mettait son intelligence au service des phares, mais son cœur restait fidèle à la littérature. Une fois chez lui, avec sa femme char- mante et remarquable, il oubliait les phares. Il lisait et avait lu probablement plus que personne à Washing- ton à cette époque ; il absorbait les livres du monde comme une éponge absorbe l'eau, il les gardait dans sa mémoire, prêt à les lancer dans la discussion. Pen- dant dix ans, il s'était proclamé le champion de Walt et de son œuvre envers et contre tous. O'Connor sem- blait vraiment toujours prêt, l'épée à demi hors du fourreau, le gantelet au poing, à se précipiter contre toute personne qui, au nom de Walt, esquisserait une ombre de sourire.

C'est en 1860 qu'il offrit l'hospitalité à Walt et qu'il devint définitivement son ami. Tout ce qu'il possédait, il était prêt à le lui donner sur-le-champ. Mᵐᵉ O'Connor, femme d'une sagesse plus douce et même plus large, regardait Walt comme un enfant et le soignait comme tel. Elle croyait qu'un accident de la nature avait conservé à ce grand gamin à barbe grise, la vision candide d'un solide petit garçon. Son insouciance, son égoïsme, son manque de préjugés et ses opinions étaient d'un enfant intelligent qui trouve chaque jour une raison nouvelle de se réjouir. Il était aussi, pensait-elle, capable des plus grands sacrifices et du plus grand dévouement aux moments où une émotion soudaine le faisait sortir de son caractère, mais cela ne durait pas et ne lui était pas coutumier. Son mari valait mieux.

Bien des amis de Walt avaient eu par moment les mêmes doutes graves à son sujet, mais à la réflexion, ils en étaient arrivés presque à la même conclusion : le vieux camarade n'était qu'un gamin. Il empruntait de l'argent gentiment, et rarement il le rendait ; mais Dieu sait que dès qu'il avait quelque chose en poche, il donnait et prêtait, et n'importunait jamais un débiteur. Évidemment l'argent était commode, mais ennuyeux. Il avait une fois emprunté deux cents dollars à un ami, et quand il avait été dans l'impossibilité de les rembourser, il avait offert en paiement des peintures diverses, que l'ami avait refusées comme sans valeur. Pour Walt, elles présentaient bien plus d'intérêt que leur prix. Il était désorienté par de minimes affaires d'argent. Ses amis essayaient de le corriger par de longues remontrances, dont il ne se rappelait plus le premier mot, après avoir approuvé chaque phrase. C'était pour Mme O'Connor un autre signe de son incroyable jeunesse.

Elle avait découvert qu'il portait des chaussettes qui n'en étaient pas, tellement elles étaient pleines de trous ; il aurait pu aussi bien aller pieds-nus. Elle lui

avait fait promettre de les apporter pour les vérifier.
Il arriva une après-midi, énorme, gonflé, et se mit
aussitôt à discuter, tout en tirant de ses poches chaussette après chaussette, aucune assortie et toutes aussi
déguenillées que des drapeaux de bataille. Elles jon-
chèrent bientôt le sol comme des cailles mortes.
Mme O'Connor avait éclaté de rire, car Walt, tout
entier à la discussion, avait continué machinalement
de plonger dans ses poches vides. Elle et son mari
étaient convaincus de son génie, mais pour la vie de
tous les jours, Mme O'Connor trouvait qu'il aurait dû
avoir une nurse.

Le 1er juillet 1865, Walt apparut à la maison des
O'Connor, l'image de la consternation. Mme O'Connor
crut un moment qu'il allait pleurer. Son mari eut
peur que quelque malheur ne fût arrivé à Louisa, ou
à George, ou à Jeff ; il le fit asseoir.

— Mais qu'est-ce qu'il y a ?

Les yeux pleins d'un morne désespoir, Walt tira
une lettre de sa poche et la tendit sans rien dire.
O'Connor la prit, et sa femme se pencha sur son épaule.
Ils lurent ensemble. Elle était courte et sèche comme
une gifle :

MINISTÈRE DE L'INTÉRIEUR

Washington, D. C., le 30 juin 1865.

Walter Whitman de New-York, employé à l'Indian
Office, est révoqué à partir de cette date.

JAMES HARLAN,
Ministre de l'Intérieur.

— Mais, que diable signifie...?

— Mais, bonté divine ! Pourquoi ?

Incapable de dire un mot, Walt fit un geste vague avec ses mains. Enfin, regardant douloureusement O'Connor, il se força à parler.

— William, quelqu'un lui a dit que j'avais écrit un livre sale, il a ouvert mon bureau, en a tiré mon exemplaire des *Feuilles* — celui de 1860 — que je revisais, et maintenant il m'a renvoyé. Il pense probablement que je suis une menace à la morale publique.

L'âme celtique d'O'Connor s'enflamma de colère.

— C'est une insulte, une attaque mesquine, fanatique, ignorante, vile, à la liberté des lettres.

Il allait et venait à grands pas à travers la pièce, agitant la lettre tout en parlant.

— N'y faites pas attention. Cherchez une autre position et comptez sur moi. Harlan sera la risée de la nation et du monde civilisé.

Mme O'Connor fit une remarque raisonnable :

— Mais, mon cher, M. Harlan dira naturellement que le ministère n'a plus besoin des services de Walt. Il ne sera pas assez bête pour admettre qu'il l'a renvoyé pour avoir écrit un livre qui ne lui plaisait pas !

Son mari s'arrêta au milieu d'une enjambée.

— Il n'est pas si intelligent, Ellen. Ça peut lui venir ensuite, mais maintenant il est trop plein d'une juste indignation contre un employé du gouvernement, pris à écrire une œuvre obscène, pour se refuser la satisfaction de l'exprimer. Vous verrez.

Walt gémit :

— C'est tout comme. L'important est que j'ai perdu un travail confortable que j'aimais, et il faut mainte-

nant que j'en trouve un autre. Peut-être Harlan
réfléchira-t-il.

O'Connor renâcla :

— J'en doute, Walt, franchement. Voyons ce qu'Ashton peut faire.

J. H. Ashton, avocat général adjoint, connaissait
et admirait O'Connor ; il estimait Walt, bien qu'il
avouât ne pas aimer tous ses poèmes. O'Connor sortit
encore fumant, et Walt resta pour prendre quelque
réconfort. Il mangea une assiettée de gâteaux et discuta avec Mme O'Connor des différents moyens de
gagner sa vie. Il n'avait jamais complètement abandonné l'idée des conférences, mais Mme O'Connor l'en
dissuada. Elle l'avait entendu déclamer et en avait
été amusée, mais non convaincue.

Le lendemain, Ashton envoya un mot de regret :
il n'y avait plus à compter sur Harlan. Cet homme,
qui avait été avocat de mérite, sénateur, et recteur
d'une université, avait gardé, malgré des occasions
nombreuses pour se cultiver et développer en lui la
tolérance, un fanatisme sauvage contre les *Feuilles
d'Herbe*. Comme Salmon Chase, du premier coup d'œil
il les avait jugées pornographiques. Il s'en tenait là.
Aux arguments logiques d'Ashton que ce n'était pas
une raison parce que Walt écrivait, pour le renvoyer
de l'*Indian Office*, Harlan n'avait répliqué que par
des cris de colère. Il était allé jusqu'à dire que plutôt
que de reprendre Walt, il donnerait sa propre démission. Donc, Ashton s'occuperait de trouver un autre
emploi pour Walt et il lui conseillait d'oublier toute
cette histoire. Walt était entièrement de son avis
là-dessus. L'opinion de M. Harlan ne le troublait pas
plus que celle de M. Chase, ou que celle de n'importe

quel ennemi de ses poèmes. C'était la conviction grandissante de Walt que le monde des lecteurs pouvait se diviser en deux catégories : la catégorie des initiés qui admiraient *Feuilles d'Herbe* et la catégorie de ceux qui ne l'admiraient pas. Visiblement, les membres de la seconde ne valaient pas grand'chose.

La nouvelle occupation qu'on lui procura au ministère des finances lui plut et c'était une meilleure position. Fonctionnaire de troisième classe, il recevait maintenant, à son heureuse surprise, seize cents dollars par an et il arrivait à mettre de l'argent de côté sans le vouloir. Il emménagea dans un appartement confortable et continua ses lectures et ses travaux littéraires. Il était parfaitement content. Mais O'Connor ne l'était pas ; il garda silencieusement en lui l'histoire du renvoi de Walt pendant neuf semaines, puis soudain il lança à la face du monde l'une des plus brillantes défenses d'un auteur et de son œuvre et du principe de la liberté en littérature qui ait jamais été écrite.

Le *Bon Poète Gris* fut une épée de lumière, une étincelante et tranchante accusation contre le fanatisme, en même temps qu'un merveilleux hommage. Le ministre de l'Intérieur fut dans ses petits souliers, Walt et les amis de Walt éclatèrent de joie, et tous les lecteurs purent se rendre compte que l'auteur, un employé du Bureau des Phares, était à coup sûr un génie. La publication du *Bon Poète Gris* fut un signe de ralliement pour tous les partisans.

Burroughs et O'Connor travaillèrent sans relâche à obtenir des critiques favorables pour la nouvelle édition, qui parut en 1866. Ils furent enchantés de voir qu'une étincelle d'enthousiasme avait touché l'Angleterre en la personne de Moncure D. Conway, un ami d'Émerson, qui était venu voir Walt en 1855. Le feu gagna fort vite là-bas. Des Anglais comme John Addington Symonds et Edward Dowden, Swinburne et William Michael Rossetti, à l'intelligence et au goût délicatement exercés, lurent les *Feuilles d'Herbe* ; ce fut pour eux une révélation, la plus grande poésie du moment, l'œuvre d'un génie formidable et viril. M. Swinburne en particulier, se promena, tel un chrysanthème inspiré, en prononçant des éloges qui firent grogner Carlyle et hausser les épaules à Matthew Arnold — qui d'ailleurs écrivit à O'Connor une lettre fort digne pour lui donner des conseils. Rossetti, plus équilibré que le petit homme aux cheveux de flamme, auteur d'*Atalante à Calydon*, fut aussi plus pratique. Tout de suite, il partit en campagne pour faire connaître le nom de Walt Whitman en Angleterre, tandis que d'autres disciples parmi le cercle grandissant, commencèrent d'écrire des comptes-rendus et des articles.

O'Connor et Burroughs et les fidèles d'Amérique applaudirent. Walt approchait du jour de gloire. En attendant, il restait à son bureau rayonnant de contentement, occupé à une besogne facile. Il écoutait de bonne grâce, mais sans y prêter attention, les récits passionnés d'O'Connor sur l'accroissement des fidèles en Angleterre, et l'interrompait pour lui montrer les mérites d'une merveilleuse lampe nouvelle, une lampe astrale, disait-il, qui donnait une lumière admirable et dont tous les frais étaient payés par le bureau.

— Cette lampe, William, est une nouvelle invention, c'est la meilleure lampe que j'aie jamais vue, et elle ne m'a pas coûté un sou. Excusez-moi, William, que disiez-vous ?

O'Connor continuait avec un enthousiasme ardent à montrer que la Renommée et l'Appréciation attendaient le moment de l'accueillir, qu'elles étaient déjà à sa porte, et Walt, souriant, étudiait la lampe astrale, et quand O'Connor partait, lui disait affectueusement :

— Eh bien, William, mes amitiés à Ellen, dites-lui que je veux la voir et lui parler. Je vous remercie de me parler de ces Anglais, c'est un encouragement. Dites, William, regardez donc la lumière que cette lampe donne.

Sa renommée en Angleterre n'avait pas l'air de l'intéresser. Il n'avait rien de commun avec l'esprit d'Oxford. Symonds lui écrivit à propos de *Calamus*, groupe de poèmes des *Feuilles* qui célébrait l'amitié entre hommes, pour lui demander s'il suivait la tradition des croyances et des idées helléniques. Walt fut d'abord très étonné, puis assez ennuyé. Il n'était pas très versé dans la littérature grecque ; cependant les mœurs grecques et les écrits de Lucien ne lui étaient pas totalement inconnus, et il n'était pas un imbécile. Ce qu'avait pu être la morale d'Alcibiade et de Socrate, il l'ignorait et s'en souciait assez peu ; mais dans les cabarets de trois grandes villes, dans ses promenades en omnibus ou en bacs, il avait entendu parler grossièrement ou légèrement de certains sujets qui avaient été traités, il s'en rendait compte, en d'autres langues, anciennes et polies, en belles longues phrases remplies de raisonnements poétiques. Symonds ne posait qu'une question purement scolastique, pour comprendre plus pleinement et mieux apprécier ses poèmes. Mais Walt trouvait Symonds un peu trop curieux, et, à part soi, pensait

que Symonds devait avoir une fausse opinion de lui.
Mais, qu'importe. Il s'était montré aimable de lui
avoir écrit en termes aussi flatteurs.

Le spectacle ne laissait pas d'être absurde pour
les messieurs Chase et Harlan, et pour toute la catégorie des gens qui n'admiraient pas les *Feuilles
d'Herbe*. N'était-il pas ridicule et indigne de voir
le vieux farceur paressant à son bureau, tandis que de
l'autre côté de l'Atlantique, les esprits les plus fins
et les plus cultivés le couvraient de louanges et lui
écrivaient comme à un maître divin ? Cela vous
rappelait Bottom, l'âne shakespearien, hérissé et
bizarre, caressé par la délicate et belle Titania et
ses graciles suivantes. Si les Anglais se reprenaient,
ils verraient que Walt était vraiment un vieil imbécile. Ils se rendraient compte que la révolution américaine n'avait été que la première et la plus douce
d'une série d'humiliations qu'ils étaient destinés à
subir de la part de l'Amérique.

Walt sentait bien qu'il y avait beaucoup de gens
à penser ainsi, mais cela ne lui faisait rien. Ils appartenaient à la catégorie des non-initiés et ne méritaient
qu'indifférence. Il tirait quelque satisfaction de savoir
qu'à Washington il était devenu une célébrité à sa
façon. Presque tous les jours, on venait lui demander de signer sa photographie, et quand il passait
dans la rue, c'était toujours un petit événement,
on le reconnaissait. En tramway, des personnes de
son âge et même de jeunes dames se levaient pour lui
offrir leur place. Tout cela était très agréable et très
encourageant.

Ce fut dans un tramway qu'il forma une des amitiés
les plus chères de sa vie. Le jeune Peter Doyle, rece-

veur dans une de ces voitures, remarqua une nuit d'orage qu'il ne restait plus qu'un voyageur. Ce voyageur était un vieillard de grande taille enveloppé dans une couverture, un chapeau mou sur les yeux, qui regardait par terre en se récitant à lui-même des prières, ou peut-être des poèmes. Peter avait dix-neuf ans, un cœur aimant et il se sentait seul. Soldat dans l'armée confédérée, il avait été fait prisonnier, et maintenant il gagnait deux dollars par jour dans la ville où il avait été emmené prisonnier. Il connaissait peu de gens et à quoi sert la vie si on n'a pas d'amis ? Il regarde Walt à l'intérieur, tandis que la voiture plonge dans la tempête. Walt, bien confortablement au chaud, songe aux conversations ce soir-là chez les Burroughs, à leur foyer agréable. À la fin, Peter a assez de rester dehors, dans la nuit cruelle et noire. « Le vieux a l'air d'un bon vieux, essayons d'entrer et de lui parler. »

Walt, à l'intérieur, lève les yeux et voit le receveur debout devant lui.

— Il fait vilain temps, remarque le receveur pour tâter le terrain.

— Oui, mais ici il fait bon, réplique Walt.

Peter prend courage. — Avec votre permission, je vais m'asseoir un peu, dit-il en s'asseyant, bien qu'avec timidité, de peur que le vieux monsieur ne se montre moins aimable qu'il n'en a l'air. Mais le vieux monsieur est tout à fait charmant. La voiture roule et tangue, la tempête hurle et frappe aux carreaux. Walt oublie son arrêt.

Au terminus, Walt et Peter Doyle n'ont pas envie d'interrompre l'échange de leurs souvenirs de guerre, et Walt fait tout le trajet du retour avec lui. A l'autre bout, Peter remarque timidement qu'il y a un endroit tout près où ils pourraient prendre du whisky, et personne par cette nuit ne refuserait un peu d'alcool pour se réchauffer. Peter a vite compris que s'il y a quelqu'un au monde qu'il souhaite comme ami, c'est ce vieillard, pas si vieux d'ailleurs, le meilleur et le plus sympathique des vieillards.

Proposer d'aller prendre ensemble un peu de whisky est hardi de sa part, car supposez que le vieillard soit abstinent ; heureusement, il ne l'est pas. Walt fait bon accueil à cette invitation et tous les deux se dirigent en trébuchant dans la nuit noire, vers le bar que Peter connaît. Ils boivent chacun un verre, puis un autre ; l'heure avance où Peter doit reprendre son travail et Walt doit rentrer. Le tramway à cheval repart avec Walt et Peter, tous deux conversant confortablement au chaud dans l'intérieur. Walt descend à son arrêt et promet de revenir le lendemain, Peter achève son tour fier comme Artaban. Depuis lors, Peter et Walt sont inséparables ; les jours de liberté de Peter, ils se promènent ensemble tout l'après-midi et tout le début de la soirée. Walt, selon sa vieille habitude, récite Shakespeare, ou nomme à Peter les différentes constellations à mesure qu'elles apparaissent dans le ciel pâle. Ils s'installent devant la droguerie Bacon, au coin de la 7e rue et de Pensylvannia avenue pour voir les fermiers qui arrivent dans de grandes carrioles au haut frein à pied. Ils se pressent autour de leurs marchandises et les inspectent comme font les sauvages le long d'un bateau. Enfin ils choisissent un melon d'eau énorme qui a l'air d'un gros cochon peint en vert et blanc, et, après l'avoir payé, s'asseyent pour le manger sur les marches de la boutique. Walt rend leurs saluts aux personnes de connaissance qui rient de les voir, le poète à la barbe grise et le jeune receveur de tramway.

— Eh ! là, crie le poète à Peter incapable de répondre, enfoui dans l'intérieur de son melon d'eau, regarde, ces types rire, Peter. Eh bien, laisse-les rire. Ils peuvent rire ; nous, nous mangeons le melon.

Quand Walt va passer ses vacances à Brooklyn, il écrit à Peter presque tous les jours, il lui raconte tout ce qu'il fait et il ajoute pour son cher enfant, les baisers qu'il ne peut lui donner en personne.

Les individus de la catégorie des non-initiés auraient été scandalisés du courrier de Peter, mais heureusement à cette époque, ils ne pouvaient en avoir connaissance, et, après tout, qui se serait soucié de leur accusation ? Certainement pas Peter, jeune homme parfaitement normal. Il en est venu à considérer Walt comme un père, une mère ou un frère, autant qu'un compagnon cher. Il accepte l'affection de Walt comme elle vient, qu'elle soit paternelle, maternelle ou fraternelle, ou amicale et tendre. C'est tout comme, pour Peter, pourvu que ce soit de l'affection.

CHAPITRE XIX

La santé de Walt semblait de nouveau parfaite. Même Peter, garçon solide, était frappé d'admiration par la grande force de son ami. Peter était assez jeune pour attacher de l'importance aux avantages physiques et il s'amusait de penser qu'il avait d'abord pris Walt pour un brave bonhomme, vieux, donc faible. Si l'on provoquait Walt à se battre, il serait effrayant, pensait-il, mais Walt ne se laissait jamais provoquer. Aucune cause ne se présentait, mais pensez : s'il en surgissait une tout à coup ! Peter en rêvait. Un jour, tandis qu'il accomplissait son travail à l'intérieur du tramway, Walt était sur la plateforme arrière bavardant tranquillement avec un employé du ministère des finances. Tout à coup, silence, suivi immédiatement d'une explosion de voix sur la plateforme arrière : une voix aiguë, cassante, nerveuse, méchante, criait en crescendo : « Laissez-moi passer, sale bâtard. »

En deux bonds, Peter fut sur le théâtre de l'altercation. Les voyageurs, tout émus, se penchaient comme des gargouilles curieuses pour observer les deux hommes qui s'affrontaient. Le cœur de Peter battit. L'un d'eux, massif et immobile, sûr et résolu, c'était Walt ;

l'autre, c'était un politicien typique de l'époque, un aventurier, à la mâchoire creuse, un trou bleu au lieu de bouche, les yeux d'un chat de gouttière. Il tremblait et tenait, à demi-levée, une canne plombée, prêt à frapper. L'expression de son visage était effrayante, comme si une bile venimeuse affleurait sous la peau. Walt venait de dire tranquillement, presque aimablement : « Le diable vous emporte », quand Peter se précipita entre eux et saisit l'arme.

— F..... le camp, vous. Descendez ici. Filez ou j'appelle la police.

De l'épaule, il poussait l'aventurier hors du tram, parlant hardiment, et heureux que les deux mains de l'homme fussent visibles. Ces imbéciles portaient si souvent des pistolets à la ceinture. L'homme se dégonfla aussitôt comme une voile quand le vent a soudain tourné. « Ne poussez pas » dit-il d'une voix aiguë dans un glapissement pleurnichard. Il disparut vite avec la démarche branlante d'un cheval atteint des éparvins. Peter s'essuya le front ; Walt avait repris tranquillement sa place sur la plate-forme arrière et le cocher s'en était retourné à l'avant, visiblement déçu. Les voyageurs se rassirent et Peter donna le signal du départ.

Le fanfaron. Tout prêt à se servir de son arme, mais attendant que Walt l'eût frappé le premier. Peter était enchanté. Les yeux gris-bleus de Walt étaient devenus presque noirs. Était-il donc en colère ? Sûrement. Ses mains étaient serrées, quel poing énorme ! Mais sacrebleu, un coup de canne plombée aurait pu le tuer.

Un peu plus loin, Walt resta le seul voyageur ; il profitait du soleil et de la brise sur la plate forme arrière. Peter l'y rejoignit et, avec une expression à la fois interrogatrice et affectueuse, lui lança un coup léger sur la poitrine :

— Comment, on se bat à votre âge !

Walt le regarda, très surpris : — Quoi donc ?

— Qu'est-ce qu'il y a eu avec le bonhomme à la canne plombée ?

Walt réfléchit un instant. — Oh, oh, c'est ça. Eh bien, en sortant du tram, il m'a bousculé et comme je me garais pour protéger mes doigts de pied, il a éclaté contre moi. Cela m'a agacé. Bah ! Arrêtons-nous chez Ben pour boire de la bière. Quelle belle journée. Je me sens plus jeune que toi. Peter ne douta plus du courage de Walt, mais, peut-être avec plus de subtilité que les gars de son âge, il admira davantage sa maîtrise de soi.

Walt prit la même affection et le même intérêt pour les collègues de Peter et pour les cochers de Washington que pour les automédons de Broadway. Il leur achetait des gants de peau, pour conduire, les plus agréables et les plus chauds, et, quand il ne se tenait pas à l'arrière avec Peter, il était à l'avant sur le siège du conducteur, tout à son ancien plaisir d'écouter d'étonnantes histoires — récit de Booth s'enfuyant du Théâtre Ford, récit de l'entrée à cheval de l'armée Sheridan, événement auquel Walt avait aussi assisté. Puis Walt en racontait à son tour et ensuite le conducteur chantait une chanson, battant la mesure avec son fouet, ou bien faisait part d'une grasse plaisanterie, ajoutant gravement, s'il avait peur de ne pas être apprécié par Walt : — C'est un pasteur qui me l'a dite, oui, monsieur, un pasteur.

Quelquefois, quand les deux amis se tenaient vers

l'avant de la voiture à peu près vide, projetant quelque balade le long du Potomac ou bien un voyage rêvé depuis longtemps à Brooklyn ensemble, une grosse voix de boucanier résonnait derrière eux : — Pas pour créer seulement !

Walt et Peter se retournaient. Peter reprenait vite sa place sur la plateforme, tandis que le sénateur Garfield, qui venait de faire entendre sa voix sonore et profonde, allait s'asseoir près de Walt, bourré de citations boîteuses des *Feuilles d'Herbe*. Il tenait à Walt un discours jovial, lui proposant des sujets absurdes pour des poèmes, ou des vers ridicules. Enfin, quand il descendait, forcé par la raison d'État, il riait encore, en un bruit de tonnerre. Le sénateur Garfield était bien intentionné, mais peu intelligent. La sincère admiration qu'il professait pour certains poèmes empêchait Walt de se fâcher d'une attitude qui aurait eu l'air moqueur chez un autre. Walt avait un sens de l'humour, hérité directement de son père et aussi de la famille de sa mère. C'était une qualité vigoureuse sans la moindre subtilité, plutôt matérielle. Il en manquait tout à fait néanmoins en ce qui concernait son œuvre ou lui-même. Il se prenait au sérieux. Ses partisans de la catégorie des initiés le prenaient eux aussi au sérieux. Il aurait pu tranquillement ne pas faire attention à M. Garfield, mais un admirateur sincère ne pouvait pas ne pas être intéressant, et de plus, pour un sénateur, M. Garfield était poli et bienveillant.

Tandis que Walt divisait son temps entre Peter, ses écrits et son travail, O'Connor et Burroughs et les autres membres de la bande grandissante des disciples recrutaient des prosélytes avec passion. Le bon travail continuait en Angleterre. M. Rossetti avait réuni en un volume les poèmes de Walt. Ce livre parut à Londres en 1868, peu de temps après une étude critique de Swinburne sur William Blake où Walt était comparé au mystique anglais.

Le livre de Rossetti parvint à Mme Gilchrist, veuve d'Alexandre Gilchrist, homme de lettre anglais qui avait fait des études intéressantes sur la vie de Blake, et qui travaillait à sa biographie quand il mourut. Mme Gilchrist était une femme de haute valeur intellectuelle et morale. Elle devint immédiatement une admiratrice des *Feuilles d'Herbe*, une initiée. C'était une femme telle que Walt en avait imaginé le modèle quinze ans plus tôt, la femme parfaite, forte, courageuse, passionnée. Son amitié lui fut un des plus beaux chevrons de sa gloire transatlantique.

M. Tennyson aussi entra en correspondance avec Walt, ce qui réjouit beaucoup O'Connor : même Harlan reconnaissait Tennyson comme un poète. A de pareils signes on mesurait le chemin parcouru. Chaque jour marquait un progrès. Les partisans étaient remplis de l'exaltation de la victoire, mais Walt gardait tout son calme plein de bienveillance.

L'année 1871 fut particulièrement riche en résultats. Walt donna d'abord une nouvelle édition des *Feuilles d'Herbe*, puis un petit recueil de vingt-trois poèmes, intitulé : *Voyage vers l'Inde*. Enfin, un essai en prose : *Horizons Démocratiques*. Edward Dowden, en Angleterre, publia dans la *Westminster Review* de juillet, un article sur la Poésie de la Démocratie : c'était naturellement la poésie de Walt. Ferdinand Freihligrath, dans l'*Allgemeine Zeitung* d'Augsbourg, en 1868, avait semé la bonne graine en Allemagne. En 1872, Rudolph

Schmidt traduisit, les *Feuilles d'Herbe* en danois, et ainsi la Scandinavie fut initiée. La France, la même année, accueillit Walt ; Mme Blanc écrivit dans *la Revue des Deux Mondes* sous la signature de Th. Bentzon, un article qui proclamait son génie et son importance.

En juillet 1872, il fut chargé du discours de distribution des diplômes à la fin de l'année scolaire, au collège de Dartmouth. Il fut enchanté de cet honneur. Il avait toujours affiché un doux mépris pour les universités et les professeurs ; l'atmosphère scolastique ne lui plaisait guère, surtout parce qu'il pensait que ses poèmes y résonnaient mal : leurs dissonnances crues et heurtées et leurs révélations anatomiques n'y causaient pas tant une horreur de bon goût que de l'ennui poli. Mais quand les étudiants de dernière année de Dartmouth, qui voulaient jouer un tour à leurs professeurs, choisirent Walt et l'invitèrent, comme leurs aînés, en 1838 avaient invité Émerson, il fut flatté. L'atmosphère académique ne pouvait pas être si mauvaise après tout.

Walt fit son discours et lut son poème. Au fond de l'église où se passait cette cérémonie, les étudiants qui recevaient leurs diplômes cette année, ou bien dormirent ou bien se demandèrent qui donc était le tailleur du vieux bonhomme. Quel costume, mon Dieu ! Ces jeunes gens ne pouvaient entendre la voix de Walt, mais ceux qui purent l'entendre leur dirent ensuite qu'il valait mieux être sourd. Il parlait sans animation et lisait de même ; les étudiants se sentirent déçus quand ce fut fini, mais pas Walt. Avant la cérémonie, il avait écrit un court essai sur lui-même, sur son importance et sur sa signification, en tant qu'Américain, en tant que le Poète Américain, avec l'intention de le faire paraître dans la presse, (il ne fut jamais publié). Ce n'était plus comme en 1855, à l'époque où il avait écrit les propres comptes rendus élogieux de son livre ; il ne courait pas le risque d'être passé sous silence. Il fut fort satisfait de l'accueil qu'on lui avait fait à Dartmouth.

Ainsi l'année s'écoula triomphante. Le ministère des finances continuait à être une providence comme il n'en avait jamais rêvé. Vers décembre cependant, il s'inquiéta de sentir recommencer les douleurs de tête qui l'avaient fait souffrir en 1864. Le soir, quand il se levait de sa table de travail, il lui fallait s'appuyer un moment de la main au meuble, pour se redresser. Il savait qu'il n'était plus jeune et qu'un mal qui lui avait demandé six mois à guérir, réclamerait peut-être maintenant un an. C'était un dur souci ; il perdrait son travail et sa lampe astrale : son travail qui lui procurait seize cents dollars par an pour vivre et travailler à ses poèmes, et sa lampe astrale qui donnait une lumière miraculeuse et si fidèle.

Il alla chercher réconfort auprès d'Ellen O'Connor. Cette sage et douce amie voyait tristement que Walt se faisait vieux, bien que l'expression de ses yeux, par une étrange survivance, demeurât aussi enfantine que jamais.

— Vous avez besoin de repos, Walt. Vous avez trop travaillé.

Walt restait inconsolé. Il s'attarda un moment, espérant que le mari reviendrait. Peu de temps auparavant, William et lui avaient eu une violente querelle à propos d'une question qui, au fond, n'avait intéressé Walt que d'une façon éphémère. Sumner, le sénateur du Massachussetts, proposait des mesures pour la reconstruction du Sud et sans y attacher particulièrement d'importance, Walt et son ami avaient discuté de l'intérêt d'une telle législation. La discussion avait dégénéré en dispute. Des mots durs qui blessent l'intelligence, des mots pointus qui déchirent la sensibilité. Ils avaient cessé immédiatement de parler et s'étaient regardé soudain comme des étrangers. O'Connor avait tourné sur ses talons et était parti dans une direction, Walt au hasard dans une autre ; tous deux étaient presque en larmes. O'Connor s'était dirigé cent fois vers la pension où habitait Walt, décidé à mettre fin à un malentendu ridicule, indigne d'eux. Walt l'avait remarqué à la dérobée, passant dans la rue, et avait souhaité trouver le moindre prétexte pour se jeter sur lui et le serrer dans ses bras dans une réconciliation parfaite. Mais l'orgueil celtique d'O'Connor le retenait toujours et Walt guettait en vain le frémissement d'attendrissement sur le beau visage qu'il avait connu et aimé depuis si longtemps.

Ellen O'Connor voyait maintenant Walt à de très rares intervalles. Elle se rendait compte que, même si son mari souffrait par orgueil plus que cela n'en valait peut-être la peine, c'est que Walt devait l'avoir amèrement blessé. En pensant à toute la loyauté et à tout le désintéressement que William avait dépensés à défendre et à servir Walt, elle trouvait que le premier geste de réconciliation devait venir de Walt. Mais Walt était têtu ; il en était venu à croire que William avait définitivement renoncé à lui et pour rien au monde n'aurait fait le premier pas. Cependant, il s'attardait dans le salon des O'Connor, regardant

Ellen avec des yeux soucieux et l'esprit ailleurs, répétant : « C'est ma tête, Ellen, ça bourdonne et bourdonne comme si un bourdon y nichait. » Enfin, il partit, se sentant seul et un peu pitoyable.

Un soir de janvier 1873, lisant sous sa lampe astrale un roman de Bulwer-Lytton, le bourdon revint dans sa tête avec une horrible violence. Les lettres se brouillèrent devant ses yeux. Il se leva en chancelant, éteignit la lumière et rentra chez lui. Comme il passait devant le gardien, celui-ci le regarda avec sympathie.

— Vous ne paraissez pas bien ce soir, Walt ?

— Oh, je ne suis pas mal, mais pas bien non plus. Bonsoir.

— Bonsoir, Walt.

Il se déshabilla et se coucha. Il se sentait très las. Il dormit et il lui semblait nager dans Cold Spring Harbour. Il nageait, flottait et plongeait ; son père lui lançait des œufs de mouettes ; les œufs devenaient California qui courait devant la maison à Brooklyn, les cheveux au vent et ses petites jambes brillantes comme de l'ivoire. Il était à la Nouvelle-Orléans dans un jardin rempli de bougainvilliers, la tête sur les genoux de sa maîtresse qui lui caressait les cheveux de ses doigts légers et embaumés. M. Harlan apparut soudain et se transforma en un melon d'eau que Peter et lui mangeaient, quand un tramway à chevaux arriva droit sur eux. Peter s'enfuit, et le melon d'eau devint Pfaff, mais Walt ne pouvait bouger. Le tram avançait de plus en plus près. Walt cria et s'éveilla, la face et la poitrine couverts d'une sueur froide. Un rêve. Il voulut se tourner sur le côté. Un autre rêve : il dormait encore, il ne pouvait bouger. Pendant une heure, il resta couché, les muscles de son grand corps reides d'agonie.

Sous son crâne, autour des yeux, il sentait comme des fils de fer se nouer et s'étirer et se tisser. Ah ! si Louisa avait pu les extirper. Il était paralysé, condamné à cinquante-quatre ans à se traîner comme les garçons qu'il avait soignés pendant la guerre. Un infirme, lui qui avait chanté la splendeur du corps et sa beauté.

Peter Doyle venant lui rendre visite de bonne heure avant d'aller à son travail, trouva Walt seulement à demi-conscient. Il fit venir un médecin, et un ou deux amis proches. Ellen O'Connor et Eldridge arrivèrent ; on put craindre un moment que c'était pour l'adieu.

Janvier finit et février apporta un mieux. En mars, il fit un faible essai pour retourner au travail, mais la volonté de prendre goût à la vie n'était pas encore revenue. En avril, il apprit avec angoisse que Louisa était malade, et Ellen O'Connor lui prouva pendant une heure que ça ne pouvait être rien de grave ou son frère le lui aurait écrit, tandis qu'il faisait de petits gestes désolés avec les mains et répétait sans cesse :

— Je devrais être avec ma mère, je sais qu'elle ne va pas bien, je sais qu'elle ne va pas bien.

Une lettre de Jeff envoyée de Saint-Louis amena d'autres douleurs. Pendant un terrible moment il eut peur de l'ouvrir de peur d'apprendre la mort de California. Les nouvelles en étaient tout aussi tragiques. Martha, la mère de California, était morte. Walt avait toujours eu pour elle une profonde affection, d'une intensité moindre que celle qu'il avait pour Louisa. Le monde dans lequel il vivait semblait s'écrouler sur ses fondations, les piliers, ces quelques hommes et quelques femmes qu'il aimait, détruits. En mai, sûr de n'avoir plus devant lui qu'une vie de souffrances, il fit son testament. Peter ramassait avec sa langue les larmes qui coulaient sur ses joues tannées pour ne pas inquiéter Walt. Il aurait voulu faire des plaisanteries cyniques ou drôles, mais elles lui paraissaient si sombres qu'il se tut et demeura dans un abîme de désespoir.

Le 20 mai, Walt dit adieu à Peter, à Burroughs et à Ellen O'Connor, et partit pour Camden prendre de courtes vacances comme il disait, un repos dont il avait besoin. Le 23 mai, il arriva chez George ; son frère, silencieux, vint à lui et confirma les craintes brutales qui avaient torturé son cœur de pressentiments et l'avaient empêché de dormir pendant plus d'un mois, Louisa Van Velsor Whitman était morte dans la maison de Portland avenue, à Brooklyn.

Pour la première fois de son existence, la vie lui parut intolérable. Il était seul dans une île, d'où sa mère et ses amis qu'il avait aimés, étaient partis dans la mort. Louisa avait toujours été l'unique refuge de sa vie depuis l'époque où, tout enfant, il lui suffisait de mettre sa main dans celle de sa mère pour disperser les longues ombres menaçantes qui le guettaient derrière les troncs d'arbres dans le verger. Jeune garçon, jeune homme et maintenant homme mûr, il avait compté sur sa compréhension et sa sagesse infinie et y avait puisé sans ménagement, tout à fait comme un enfant, sans jamais craindre que le temps et l'arrêt de la mort put, en une heure maudite, tout supprimer. Il n'avait été dévoué et fidèle à personne comme à sa mère, bien qu'il n'eût jamais beaucoup pensé à se sacrifier pour elle. Walt était devenu par dessus tout, un égoïste complet, logique, déterminé. La mort de sa mère lui causa la seule grande douleur, l'unique deuil personnel, qu'il ressentit jamais. Cet amour qui ne l'envelopperait plus, ce refuge qui ne le protégerait plus, cela le remplissait du sentiment d'une perte insupportable.

Il continua de demeurer chez George, dans sa maison, 322, Stevens street, à Camden, reprenant des forces, si longues à revenir. Pendant un certain temps, le ministère des finances lui conserva son emploi ; on permit à un remplaçant de s'asseoir à son bureau et d'employer la lampe astrale, mais comme Walt ne semblait pas revenir, un autre prit définitivement sa place au bureau, sous la fameuse lampe. Pour Walt, Washington était devenue une ville de souvenirs ; ses amis s'étaient dispersés, laissant à leur place des échos effacés de rires et de paroles qu'il lui était pénible de se rappeler. Peter était employé maintenant au chemin de fer de Pensylvanie, Burroughs avait acheté une ferme sur l'Hudson, et entre O'Connor et lui subsistait toujours une sombre inimitié. En un bref examen de soi, il vit son ingratitude envers ceux qui se dévouaient à sa cause et envers William en particulier. Il s'était montré indigne de leur dévouement. Tous avaient, presque sans exception, combattu pour lui, encaissé les coups qui lui étaient destinés. Ils lui étaient venus en aide pendant sa maladie, et lui avaient trouvé du travail. Il avait accepté tout cela comme il avait accepté l'amour et le soutien de Louisa, sans y penser et rien vouloir payer de retour. Mais vite il oublia. Sublime, insouciant comme un enfant, il reprit l'attitude de toute sa vie. Il ne demandait pas à ses amis de lui rendre service. S'ils le faisaient, pourquoi n'accepterait-il pas ? Quant à lui, il n'avait rien promis et vraiment pourquoi se donnerait-il cette peine ?

Il se souvint avec satisfaction qu'il avait mis de côté une somme assez rondelette à Washington, et il était probable que ses amis, le croyant dans le besoin, lui enverraient de l'argent. Ainsi, même après avoir perdu son bureau et la lampe astrale, il n'était pas en danger de misère immédiate.

Les jours passèrent ; il allait clopin-clopant jusqu'au bac qui faisait le service sur le Delaware entre Camden et Philadelphie et cette atmosphère aimée et familière le rajeunissait. A Philadelphie, ses pas maintenant traînants et incertains le portaient d'eux-mêmes vers les tramways à chevaux de Market street. Il s'installait sur la plateforme, à côté des jeunes et bienveillants cochers à qui il expliquait que bien avant leur naissance, vingt ans avant la guerre, il voyageait de cette façon sur Broadway. Il devint à Philadelphie, comme à New-York, à Brooklyn et à Washington, une silhouette familière, silhouette d'un vieillard noble, magnifique et beau, bien qu'il n'eût que cinquante-cinq ans.

Certains prétendaient que cette magnificence et cette douceur de crépuscule cachaient autre chose, qu'en réalité, Walt était un renard caché sous l'apparence d'un lion. Il avait occupé des emplois distingués dans des positions innombrables, et partout, il avait paressé, flâné. D'autres l'accusèrent d'user de ses partisans d'une manière insolente, acceptant comme son dû, dans son égoïsme ineffable, les efforts de ses fidèles. Ils se moquaient tout haut du farceur de Camden. Ces gens-là l'avaient toujours attaqué. Avec les gens de cette espèce Walt classait, dans ses souvenirs, Mme Brenton qui l'avait fait souffrir, bien des années auparavant, à Jamaïca.

Il y avait des moments où seul et malade, il se rendait compte du nombre de ses ennemis et il en était abattu, mais comme sa force lui revenait, ces moments se firent plus rares. Il recommença à faire des poèmes, et, avec une confiance inébranlable, il se tourna vers la vie de plein air pour y trouver consolation et guérison, comme il l'avait fait toute sa vie, à chaque crise.

CHAPITRE XX

A dix milles de Camden, dans un paysage riche et
vert, au milieu des bois et des prés qui se chauffent au
soleil d'une fin de printemps, coule la rivière Timber
Creek, sombre et par endroits secrètement profonde.
Tantôt de jeunes arbres la barrent ou suivent ses bords
et tantôt elle continue sa course bavarde sans arbres
et n'a de compagnie que celle des tortues et des truites,
suspendues à contre-courant par un frémissement de
leur queue.

C'était là que pendant les jours de sa convalescence,
Walt se traînait avec peine et tout en nage. Il s'asseyait sur la berge. Le soleil pénétrait sa chair et enve-
loppait ses vieux os comme d'un tissu de fils de la
Vierge, solide et chaud. Miraculeusement, la raideur
de ses articulations semblait mollir et ses douleurs
aiguës s'apaisaient. Les yeux fixés sur le léger remous
de velours que le courant venait former à ses pieds,
Walt réfléchissait à la meilleure façon de se soigner.
Il avait l'hospitalité de son frère, mais George
était devenu encore plus renfermé avec l'âge;
quatre ans de guerre avaient si bien étouffé ses émotions profondes du temps de paix que maintenant il

n'arrivait plus du tout à s'exprimer. Il logeait et nourrissait Walt avec bonté. Ses poèmes lui étaient incompréhensibles, il leur accordait néanmoins quelque vertu puisqu'ils avaient procuré à son frère des amis dans différents pays. Il ne pouvait, comme Walt, sauter d'un sujet à l'autre dans la conversation.

Le colonel George Whitman aimait Walt, mais avec une nuance de dédain affectueux. George était un homme d'une exceptionnelle probité de caractère, désintéressé, humble, sous la rigide apparence que lui donnait l'habitude du commandement, un homme qui s'était sacrifié toute sa vie pour ceux qu'il aimait en s'oubliant complètement. Autrefois la colère l'avait pris quand il s'était rendu compte de l'égoïsme de Walt, et qu'il l'avait entendu déclarer avec simplicité que ce qui comptait pour lui c'était son plaisir. Maintenant George ne s'en fâchait plus quand il y pensait, Walt était ainsi fait, et George en était arrivé à cette admirable tolérance où l'on ne reproche plus à autrui ses défauts, car enfin qui peut prouver que ce sont ses défauts ?

Walt trouvait que la vie avec son frère ne convenait pas à ses goûts et que d'une manière ou d'une autre elle s'opposait à son existence individuelle. Il n'était qu'une part et non un tout : il voulait une existence à lui propre, indépendante des heures des autres. Constamment il pensait à acquérir quelque part une petite maison à lui, il s'irritait de voir l'argent mis de côté à Washington se dissiper lentement avant d'être employé à ce projet. Au bord de la rivière il trouvait un calmant qui ne pouvait manquer, pensait-il, de le guérir s'il y demeurait. Mais il hésitait à employer son capital pour acheter un terrain et faire bâtir.

La fortune qui l'avait quitté depuis deux ans, lui sourit à nouveau. Robert Buchanan, le poète anglais au caractère batailleur, qui avait déjà grossièrement insulté Dante Gabriel Rossetti, et froissé le palpitant Swinburne, s'en prit à l'Amérique. Il voulut lui donner une bonne leçon pour sa façon de traiter son plus grand poète et son prophète. Walt Whitman, écrivit M. Buchanan dans le *News* de Londres, en 1876, est méconnu et vit dans une pauvreté honteuse, tandis que la nation, dont il est le plus grand génie, s'alourdit dans une opulence pernicieuse et dans une complète stupidité.

Cet article étonna tellement William Michael Rossetti, le chef des fidèles en Angleterre, qu'il écrivit aussitôt à Walt pour obtenir une confirmation, qu'il fut encore plus surpris de recevoir. Mais Walt, tout en se réjouissant de cette diversion en sa faveur, trouvait que M. Buchanan exagérait un peu en prétendant que l'Amérique était un pays d'arrivistes aveugles qui couraient après la richesse et méconnaissaient leurs hommes de génie. Dans sa réponse à Rossetti, il l'assura qu'il n'était pas dans le besoin. Son orgueil patriotique lui dicta d'abord des remarques furieuses contre ce Buchanan : de quoi se mêlait-il, après tout ? Mais la pensée d'une aide financière et de la liberté et de la paix à Timber Creek le firent réfléchir avant de rejeter toute offre d'assistance. Aussi écrivit-il avec dignité à M. Rossetti et admit qu'il était pauvre, presque misérable. Ses seuls moyens d'existence provenaient de la vente de ses livres : la sixième édition des *Feuilles d'Herbe* et *Deux Ruisseaux*, nouveaux poèmes et pièces en prose, qui se vendaient, ensemble, pour dix dollars. Le résultat fut formidable. Des Anglais distingués et célèbres payèrent deux et trois fois le prix quand Rossetti publia ces nouvelles. Tennyson et Ruskin, Dante Rossetti, lord Houghton et Edmund Gosse, ainsi que les fidèles, Edward Dowden, Edward Carpenter et bien d'autres, souscrivirent avec une générosité éblouissante. Les forces d'opposition groupées derrière M. Chase et M. Harlan en tremblèrent, sans doute, d'une furieuse indignation. Ses compatriotes, dans le même temps, étaient assez ennuyés. On fit remarquer que les journaux, revues, et auteurs américains l'avaient accueilli et célébré avec le même éclat que M. Bryant ou M. Longfellow. Il était absurde de parler d'une conspiration contre M. Whitman et « si lui ou un de ses amis », écrivait M. G. W. Curtis dans le *Harper's Montly* de juin 1876, « autorisait un appel comme celui qu'avait fait M. Buchanan, il serait entendu, nous en sommes sûrs, d'une manière qui détruirait les affirmations et les insinuations de ce monsieur. »

La tempête souffla quelque temps et s'apaisa, mais il resta chez certaines personnes le sentiment que l'Angleterre avait été encore une fois dupée, et que dans le cours de cette controverse, les États-Unis avaient subi une insulte, légère mais imméritée, aux yeux de l'Europe intellectuelle.

Pour Walt, le résultat de la campagne bruyante menée par M. Buchanan dans la presse anglaise fut merveilleux, au delà de toute attente. Il n'acheta pas terrain ou maison près de Timber Creek, mais il alla s'installer chez les Stafford, bonnes gens dont la ferme était proche de la rivière. George soupira, mais à quoi bon discuter avec Walt ? George avait

été un peu froissé des insinuations de Buchanan.
A les entendre, son logis et son hospitalité étaient
tout juste bons à empêcher Walt de mourir de froid
et de faim. A part soi, il attendait une belle réponse
indignée de Walt, déniant tout. Il n'en fut rien, et
Walt partit pour Timber Creek. George, cependant,
était bien décidé à ce que personne n'eût jamais l'occasion de l'accuser d'abandonner son frère. Après tout
il l'aimait, bien qu'il ne pût comprendre sa manière
d'être, et Walt, il le savait, avait une affection loyale
pour lui.

Ainsi Walt s'en alla, quoique George l'eût invité à
continuer de vivre chez lui et lui eût offert de bâtir une
maisonnette sur sa terre. Les deux propositions furent
également refusées, d'ailleurs avec une bienveillante
douceur. A Timber Creek, Walt redevint parfaitement
heureux ; il passait la journée dans les chaudes prai-
ries ou dans les bois pleins des chants d'oiseaux
bavards et des cris des écureuils qui se querellaient
comme c'est leur coutume. Il se passionna pour les
phénomènes et les rythmes de la nature ; il observait
de ses yeux gris bleus, redevenus extraordinairement attentifs, les oiseaux construire leurs nids, et
les écureuils entasser pour l'hiver des noix volées.
Il apprit les noms d'un grand nombre de fleurs
sauvages, et il sut reconnaître au vol l'espèce des
oiseaux.

Rempli d'une grande bienveillance envers toutes
choses, pour mieux goûter la sérénité et la permanence
du repos bien gagné il évoquait les souvenirs de sa vie,
ses peines et ses joies, et celles-ci lui semblaient de
beaucoup les plus nombreuses. Lentement, il se rendait
compte qu'autour de lui grandissait un mur protec-

teur d'adoration et d'admiration, un mur contre lequel se brisaient les vagues de moquerie et de persécution. Il devenait un culte que sa façon de vivre, sa pauvreté et sa vieillesse ne faisaient qu'encourager. Une vieille expérience de sa propre réclame revenait le conseiller quand parfois l'esprit sincère de ses méditations le désertait : pourquoi ne se pas servir des habitudes dont tant de gens s'étaient moqués depuis si longtemps, mais qui lui valaient maintenant la réputation d'un visionnaire et d'un prophète ?

Tandis que, couché sur le dos, il contemple dans le ciel de minuit le silence plein de chuchotements des grandes constellations, voici qu'il prend conscience en une intuition soudaine de son importance de poète. Lui, Walt, n'est qu'une masse d'argile isolée, modelée non sans utilité et non sans beauté, mais de l'argile. D'ailleurs un être sans vraie noblesse. Il lui manque l'altruisme de George, la loyauté dévouée et les brillantes qualités d'esprit de William O'Connor. Il avait été et il est encore égoïste, enfermé, et, dans un sens, habile à tourner les choses à son avantage. Il se rend compte que parfois il a été suprêmement ingrat, et il faut avouer que son attitude envers les autres poètes et hommes de lettres devenus célèbres, est arrogante et peu sympathique. Il a écrit par exemple de Samuel Johnson que c'était « un homme aigri, malicieux, égoïste. » Et, a-t-il ajouté, « un parasite du pouvoir et de la naissance. Sa tête était farcie de connaissance mais son cœur vide. Les bizarreries de cet homme n'étaient pas de simples excentricités de génie, elles sortaient probablement de la laideur de sa nature. Son âme était vile... » Cette appréciation est sûrement assez intolérante, même pour une œuvre de jeunesse, écrite quand il était encore rédacteur à l'*Eagle* de Brooklyn.

Il trouve Shakespeare lointain et féodal, et il ne peut presque rien supporter de Dante et de Milton. De ses contemporains, Browning l'endort, et il lit Matthew Arnold avec mépris. Victor Hugo est un auteur étroit et assez ennuyeux. Homère, ah ! Homère est bien, mais rares sont les Homères des temps modernes. Non, le fait est qu'à côté de ses poèmes, il y en a peu qui méritent le sceau de l'immortalité. Ceci a toujours été sa conviction sincère. Cette nuit à la vague lumière de cet examen, il s'aperçoit qu'en fin de compte, son caractère et ses opinions ne valent pas mieux que le caractère et les opinions de n'importe quel auteur ; mais ce qu'il est lui-même, après tout, n'a aucun rapport avec ses poèmes. Ses poèmes, la flamme dont ils brûlent ont été versés en lui. Il n'a fait que les contenir ; il n'a été sublime que par reflet. Sans eux il n'est plus rien, qu'un vase d'argile, vide, imparfait, éphémère. Il fixe les constellations à les faire pâlir. Il entend le battement des lourdes ailes d'une chouette qui passe, allant à sa sombre mission. La lumière de son examen personnel s'éteint et son ancienne confiance lui revient. Il se fait vieux, pense-t-il, et la mort déjà frappe à sa porte, mais de la mort il n'a pas peur. Il est immortel, car sa substance demeurera pour toujours dans un livre.

Le séjour de Timber Creek se prolongea : des mois, des années passèrent. Walt s'épanouissait au soleil, il redevenait fort, et pendant ce temps le culte de sa personne et de ses poèmes grandissait d'une manière étonnante. En 1876, quand Mme Gilchrist vint à Philadelphie, il retrouva le refuge qu'il avait perdu à la mort de Louisa auprès de cette femme au cœur vaste, à l'esprit solide et fin. Le docteur R. M. Bucke, d'Ontario, médecin canadien, mystique, dont la foi en l'humanité était une véritable et vivante inspiration, rendit visite à Walt, et devint presque aussitôt le chef des fidèles. Avec lui, Walt alla au Canada et vit à nouveau les étendues vertes des plaines et des montagnes. En septembre 1879, un voyage dans l'Ouest raviva en lui cet enthousiasme pour l'immensité fertile de son pays qui l'avait tant remué quand, avec Jeff, dans le plaisant matin de sa vie, il avait descendu le Mississipi jusqu'à la Nouvelle-Orléans. Il vit les Montagnes Rocheuses et dans un élan oratoire digne de lui, il les reconnut semblables à ses poèmes.

En avril 1881, il alla à Boston lire une conférence qu'il avait écrite sur Lincoln. Il fut reçu par M. Longfellow qui s'entretint avec lui cordialement et respectueusement. Walt fut touché, mais le sentiment que lui donnait son propre culte l'empêchait d'être impressionné ou flatté. Dans l'après-midi vieillissant de sa vie, son ombre était devenue la plus longue et la plus large.

Un peu plus tard, accompagné par le docteur Bucke, il se rendit à Huntington et à Cold Spring dans Long-Island, pour y retrouver le pays de sa jeunesse qu'il souhaitait revoir depuis longtemps. Les champs et les bois et le calme va-et-vient sur les routes étaient toujours pareils. Il y avait plus de fermes, et les terres autrefois en friche étaient maintenant cultivées et fertiles. Walt ne resta pas longtemps, bien que les souvenirs fussent plaisants, mais l'autel de Camden ne devait pas rester trop longtemps sans sa divinité, et, de plus en plus, il préférait rester là où ses disciples en foule l'avaient d'abord découvert.

A New-York, il s'arrêta un jour, chez Pfaff, dont le nouveau restaurant était situé à la 24e rue. L'Allemand avait grisonné, mais son teint restait rubicond et son embonpoint agréable. Quand Walt entra, il se frotta les yeux un moment, puis avec une expression gutturale et joyeuse, se mut vers lui aussi vite que le permettaient son poids et son âge. Les deux hommes s'embrassèrent avec des explosions d'affection. Pfaff fit asseoir Walt à une petite table ronde et disparut vers la cave avec des gestes éloquents. Il fit monter du champagne et quand la bouteille arriva, il la prit d'abord dans ses mains et la dorlota. C'était un cru célèbre, digne de vieux amis qui se retrouvaient. Pendant une heure, ils s'entretinrent de l'ancien groupe, Clapp et Swinton, O'Brien et les autres, passés presque tous, comme le fit remarquer Pfaff, à la majorité de la mort. Le bon vin dérouilla les mémoires, et dans la pièce tranquille, à peu près déserte, car c'était de bonne heure dans la matinée, la voix épaisse et gutturale et la voix plus claire et plus calme se mêlèrent et s'accordèrent en strophes et en répons, ponctués par le tintement des verres, fragile staccato. Le *Aufwieder Sehen* de Pfaff fut, Walt le sentit, une façon polie de ne pas se dire adieu pour toujours. Le vieux témoin des jours actifs de sa jeunesse le salua de la porte en agitant une serviette, dont il se servit comme mouchoir pour essuyer une grosse larme.

Walt alla de nouveau à Boston en août 1881 y surveiller l'édition définitive des *Feuilles d'Herbe*. James R. Osgood et Cie, par l'intermédiaire de John Boyle O'Reilly, allaient publier ce livre, et pour la première fois depuis l'édition de 1860, son œuvre porterait le nom d'un éditeur. Il fut absent de Camden trois mois, poursuivant à Boston les échos de cette vie qu'il avait autrefois si magnifiquement passée à flâner à Brooklyn et à New-York. Il se promena sur le Common ; à City Point, il regarda les marées monter et descendre dans le port sous la surveillance des mouettes.

F. B. Sanborn, l'ami d'Emerson, l'invita à venir à Concord voir le Sage, alors dans son magnifique déclin. Du train il regarda défiler les champs et les bois épais et verts entre Somerville et Belmont, Waltham, Stony Brook et Lincoln. Voici le bleu du lac de Walden, et M. Sanborn l'arracha à sa contemplation par un : « Nous y sommes. »

Ce soir-là, il vit Émerson et Bronson Alcott et sa fille Louisa, et les autres, de la bande des intellectuels de Concord. Walt passa une heure ou deux à observer avec plaisir l'homme qu'il avait appelé Maître, il y avait presque trente ans. Le lendemain, au dîner chez Émerson, Walt eut un instant pénible, quand après cet intervalle de vingt-quatre heures, le merveilleux vieillard le regarda attentivement et ne le reconnut pas. Ce furent de terribles secondes, mais le fils du Sage lui chuchota quelque chose, et le sourire et la poignée de main — quoique l'un et l'autre un peu tremblants — qu'il lui offrit alors, consolèrent Walt presque tout de suite.

Il retourna à Camden en novembre et pendant l'hiver, l'édition Osgood des *Feuilles d'Herbe* se vendit assez bien. En mars cependant, l'avocat général Stevens de Boston, sur une plainte de la « Société pour la Suppression du Vice », demanda la suppression des *Feuilles d'Herbe*. Le directeur général des postes de Boston, Tobey, en fit défendre l'envoi. Osgood et Cie ne réussirent pas à persuader Walt de supprimer les passages cités par M. Stevens comme licencieux, outrageant pour ceux qui combattaient le vice. Ils lui renvoyèrent les formes d'imprimerie toutes composées, et lui, en toute tranquillité, les fit porter chez Rees, Welsh et Cie, de Philadelphie (plus tard la maison d'éditions David Mc Kay). La catégorie des non-initiés n'avait pas encore désarmé.

En mars 1884, le projet qu'il avait si longtemps caressé — une maison à lui — se réalisa. Pour dix-sept cent cinquante dollars, il acheta une petite maison d'un étage, n° 328, Mickle street, à Camden. Dans cette affaire, Walt versait environ treize cents dollars, et un ami, George W. Childs, compléta la somme. Quand il emménagea, Walt était excité comme un enfant, quoique les fidèles présents ne pussent voir en Mickle street un endroit particulièrement agréable pour y demeurer. D'abord, quand le vent venait d'une certaine direction, une odeur puissante de guano suffoquait tous les êtres vivants, jusqu'aux moineaux, et à leur mine sombre, on comprenait que les habitants n'étaient pas convaincus de l'utilité des engrais. Puis la rue n'était ni belle ni plaisante même. Elle était triste, bordée de maisons médiocres, hantée par des chats maraudeurs, et l'été parcourue de tourbillons de poussière qui y tournoyaient et piquaient les yeux, laissant sur les vêtements des taches à peu près indélébiles.

Calme, elle ne l'était guère, cette rue proche d'un passage à niveau où se faisait entendre presque constamment un tintamarre diabolique : sifflements stri-

dents, sonneries, martèlements des rails mal joints
sous les roues. Tous ces sons arrivaient en clameur le
long de Mickle street, éveillant les plus solides dormeurs. Mais ils ne réussissaient pas à troubler Walt ;
il reposait avec sérénité au milieu de tout le vacarme,
et un buisson de lilas qui, poussiéreux et découragé,
poussait misérablement dans la cour, compensait pour
lui l'odeur et le bruit.

Mme Mary Davis, femme d'un certain âge et nature
doucement sentimentale, fut engagée pour tenir le
ménage, et la maison fut complète. On y ajouta par
la suite un perroquet au vocabulaire peu varié, un
chat noir qui parfois courait dans la rue comme un
fou, sans crier gare, et qui, après une série de zigzags
forcenés, revenait à la cuisine sans donner d'excuses
pour sa conduite, et un chien tacheté de peu de distinction. Mme Davis s'occupait de tous, et aussi de
Walt, sur les chemises de qui elle fignolait des chefs-
d'œuvre. Elle lui cousait des cols de dentelle qui ne
pouvaient faire aucune impression sur ses visiteurs,
puisque sa barbe cachait tout, et des manchettes de
dentelle, heureusement moins à l'abri. Elle adorait
balayer et épousseter du haut en bas, mais comme
Walt se moquait de la poussière et défendait énergi-
quement qu'on touchât à aucun de ses livres et de
ses papiers, son activité au premier était fort restreinte.
Ainsi, l'autel du culte, que les visiteurs non initiés
fuyaient en toussant, leur mouchoir sur le nez si une
brise malencontreuse soufflait sur Mickle street, offrait
aux disciples une atmosphère bien authentique.

De grands hommes et des dames distinguées y
venaient, ainsi que les disciples passionnés qui consa-
craient solennellement leur âge mûr à soigner et à

chérir leur grand enthousiasme. Parmi ceux-ci, Horace Traubel et Thomas Harned, son beau-frère, de belles intelligences, se constituèrent le principal appui des années déclinantes de Walt. Il ne se passait pas de jour qu'un pèlerin de marque n'apparût. Il repartait après une heure ou deux d'entretien, persuadé que quels que fussent les poèmes du vieil homme, le voir et lui parler valait bien un long voyage. L'argile dont le vase était fait devenait merveilleusement transparente et comme illuminée de l'intérieur par les flammèches qui brillaient encore, après que la grande flamme en eût jailli en 1855.

A mesure que les années se suivaient dans Mickle street, il devenait évident que la catégorie des gens qui, de par le monde, n'admiraient pas les *Feuilles d'Herbe*, avait de moins en moins de chance de faire entendre son opposition. L'aide et l'affection entouraient Walt. Quand il devint physiquement trop faible pour marcher dans les rues qu'il aimait, on lui acheta un cheval et un buggy, grâce aux contributions d'hommes tels que Mark Twain et Whittier, Oliver Wendell Holmes, Richard Watson Gilder et Edwin Booth. Les forces dont M. Harlan avait été autrefois le chef fulminant, restaient nombreuses, mais silencieuses. Beaucoup de gens qui trouvaient ses poèmes illisibles gardaient pour Walt une solide affection. Ils croyaient fermement que ce vieux géant au teint rose et clair et à la barbe et aux cheveux de neige, n'aurait pu vieillir avec tant de noblesse s'il avait mis en pratique la philosophie dont il vantait les bienfaits dans ces poèmes qu'ils critiquaient le plus. A quoi cela avait-il servi, après tout, au vieux camarade — qui maintenant contemplait avec indulgence le monde de ses yeux bleu-gris, aussi enfantins que jamais, bien que

moins brillants — d'exalter à grands cris la nudité du
sexe, de décrire en détail les corps de l'homme et de
la femme ? Personne de bon sens ne pouvait le regarder
et trouver sous sa sérénité patriarcale, les traces sombres d'un goût pour ces cantharides et ce rhum frelaté,
dont, à en croire les cris perçants de M. Swinburne, cet
apostat, sa Vénus s'était abreuvée. Il était vrai
qu'il avait écrit à John Addington Symonds qu'il
avait eu six enfants, mais ne s'était jamais marié.
Personne, même le plus proche de ses fidèles, n'avait
vu cette progéniture engendrée au hasard, ni n'en
avait même jamais entendu parler d'une façon pré-
cise. Il avait, écrivit-il, un petit-fils vivant, dans le
Sud, mais M. Traubel, dont la constance pendant plus
de cinq ans fut digne d'un Boswell, ne put tirer de
lui aucune allusion concrète aux femmes qu'il aurait
aimées et fécondées. De fait, certains pensèrent que
ces enfants qu'il avait engendrés étaient des enfants
mythiques, créés dans le soir de sa vie pour embellir
les souvenirs de sa robuste et puissante jeunesse.
Extraordinairement discret, il ne confia à personne
les histoires de ses amours, mais il trouvait que les
suppositions embarrassées de ses fidèles à leur sujet
ne manquaient pas d'une subtile flatterie. Il y avait
presque vingt ans maintenant qu'il n'avait plus senti
la fièvre du désir. En 1870, il avait écrit dans un carnet
en les soulignant emphatiquement plusieurs fois,
les injonctions suivantes qu'il s'adressait à lui-même :

IL EST IMPÉRATIF que je me détourne et me sépare
moi (et mon orbite) en toutes circonstances, de cet
incessant & énorme TROUBLE.

De vigoureux index bien que mal dessinés, attiraient l'attention sur cette page, et un peu plus loin, il avait ajouté cette exhortation :

ABANDONNER COMPLÈTEMENT & pour toujours à partir de ce moment, toute cette poursuite FIÉVREUSE, CHANGEANTE, inutile, indigne, de 164 — trop longtemps (beaucoup trop longtemps) continuée, et si humiliante. Il faut en finir et il vaut mieux en finir maintenant. (Cela ne peut sûrement pas réussir.) PLUS D'HÉSITATION MAINTENANT, PLUS DE....

Ici, un mot avait été effacé.

Toujours désormais (SANS exception, sous aucun prétexte) éviter de la voir, de la rencontrer, aucune conversation ou explication. *AUCUNE RENCONTRE D'AUCUNE SORTE DORÉNAVANT, POUR LA VIE.*

Sous ceci, il avait noté :

« *Esquisse d'un caractère superbement calme.* »

Le numéro 164, rencontré dans l'après-midi de sa vie, ne lui avait pas témoigné l'admiration qu'il avait l'habitude de recevoir et Walt ne voulait pas voir se ternir l'éclat des conquêtes passées.

Il y avait bien longtemps, à la Nouvelle-Orléans, une femme belle et distinguée avait épousé un gentilhomme créole de qualité et lui avait donné cinq enfants, dont l'aîné, un garçon, était né sept mois après le mariage. Walt pensait tendrement à ce garçon, où se mêlaient, parmi d'autres, des hérédités hollandaises et américaines. Celui-ci était mort maintenant, laissant un seul enfant. Cette pensée lui était douce, comme dans la gloire de ses vingt ans, l'étaient les bras de sa maîtresse bien aimée. Cette splendeur disparue de son âge viril méritait bien un souvenir, mais non un aveu.

CHAPITRE XXI

Vers 1890, ses forces maintes fois mises à l'épreuve commencèrent à faiblir. Le mal ancien, aggravé par le poids des ans, revint à le torturer. Il avait soixante et onze ans, et la résistance physique qui lui avait permis à quarante-sept et à cinquante-trois ans de triompher de la maladie était fort amoindrie, maintenant qu'il était loin de la robustesse de sa maturité.

Il était vieux, la mort le guettait tous les jours avec patience et pitié. Il n'eut que de rares mouvements de révolte et jamais de peur. La religion des églises le dégoûtait, mais il avait confiance en son immortalité comme en la grandeur de ses poèmes. Puis il s'était fait faire une tombe, durable et imposant monument, dans le cimetière de Harleigh. Il avait pensé à cette tombe pendant des années, avait mis de côté de l'argent pour ce projet qui lui était cher, alors même que les plus intimes de ses partisans le croyaient sans ressources. C'était une belle tombe, de pierre lourde, taillée grossièrement ; deux pans dressés, massifs, surmontés d'un solide bloc horizontal et terminés par une masse triangulaire s'érigeaient sur un talus couvert d'arbres aux feuilles sans cesse murmurantes. C'était une tombe qui garantissait sécurité et sommeil profond, une tombe rude qui lui rappelait assez bien le caractère de ses poèmes.

Walt se tenait dans sa petite chambre, au milieu d'une correspondance accumulée depuis trente ans et plus, et où s'entassaient journaux, manuscrits, livres. Quand il voulait montrer quelque chose au sérieux et dévoué M. Traubel, il fourrageait dans le tas avec sa canne. Il se plaisait à penser à sa tombe et à la mélodie apaisante de la brise dans les arbres au-dessus d'elle. Il ne se souciait pas plus de l'approche de la mort que le petit garçon qui, avec calme, résignation et intrépidité attend que sa bonne vienne l'enlever à une fête délicieuse. Quelquefois, le canari, ajouté à la maisonnée en un jour de tendresse, éclatait en un chant limpide, et des journées vieilles de plus d'un demi-siècle apparaissaient dans tous leurs détails à travers ses paupières : les baignades dans la grande baie du Sud, les promenades sur les plages sonores de Montauk, le foyer intime de West Hills, Louisa, Louisa... Quelle vie agréable il avait eue, quelle vie agréable ! Quels amis aussi ! O'Connor, mort maintenant, mais grâce à Dieu pas avant qu'une réconciliation ait eu lieu ; O'Connor et sa femme ; Burroughs et Burke ; Harned et Traubel. Cher Horace, cher camarade, qui avait entouré ses dernières années de confort et de tranquillité, et qui s'occuperait de lui, de son souvenir et de sa renommée quand il aurait quitté Mickle street pour sa tombe splendide. Et Peter, son cher enfant, jeune, alerte, aimant...

Et les femmes qu'il avait aimées. Elles étaient mortes maintenant, mais il se rappelait leur beauté, leur superbe abandon, leur compréhension infinie et sensuelle...

New-York et les foules le long de Broadway, Bill le Rouspéteur, le vieil Éléphant, et les autres, et un visage qu'il connaissait, le visage d'une femme qui l'avait aimé, souriant, hésitant, merveilleusement sensuel...

Et encore.

La Nouvelle-Orléans avait été si belle, il semblait que son amour y avait jeté un manteau de beauté pour que sa maîtresse et lui pussent s'aimer à l'abri des regards, cachés dans chaque rue, dans chaque jardin, nus et sans honte. Quelle belle chose que le corps d'un homme, le corps d'une femme ! Et cependant, mon Dieu, si périssable, composé d'os qui deviennent friables, de muscles qui meurent et perdent leur élasticité, d'organes qui s'atrophient et fonctionnent mal.

Ses poumons maintenant. Il les sentait comme si quelque substance solide y avait été coulée, le faisant respirer avec torture...

Il entendit des cloches, et essaya d'appeler le jeune Warry Fritzinger pour fermer les fenêtres. Des cloches d'église, la religion des églises, chose surannée et sans vie. Un mal vraiment.

Le jeune Warry Fritzinger, un brave garçon, fils de Mme Davis, une brave femme. Une meilleure garde-malade que Baker. Serviable, Baker, mais ennuyeux avec tous ces médicaments qu'il donnait sans savoir pourquoi.

La religion des églises, surannée et sans vie. Son ami Bob Ingersoll pourrait tout renverser rien qu'en ouvrant la bouche.

La douleur des poumons devint plus aiguë. Est-

ce que William O'Connor était mort sans peine comme
il le méritait ? William, comme il avait du talent !
comme il était généreux et dévoué ! Mais qu'est-ce que
la mort ? Rien à craindre, une rencontre facile, bienveillante. Émerson était mort, et Longfellow, et Carlyle, Louisa et Mme Gilchrist, et Abraham Lincoln.
Sa tombe l'attendait au cimetière de Harleigh. Harleigh, un vilain nom. Mais la tombe, la tombe était de
premier ordre. Les entrepreneurs avaient dit qu'elle
coûterait quelques centaines de dollars, mais ils en
avaient réclamé quatre mille. Tom Harned était allé
les voir et avait obtenu un rabais. Tom était sûr, sûr et
dévoué. Il y avait un jeune homme de New-York, un
journaliste probablement, qui attendait pour ramasser
quelques dernières paroles. Toujours fourré partout,
en haut et en bas, une peste. Le voici maintenant qui
crie dans le corridor, à propos de quoi ? A propos de
fleurs qui ne sont pas arrivées de New-York, c'est
ça ? Oh, au diable !

Le 26 mars 1892. Il avait soixante-treize ans.

Il se voit pêchant des anguilles dans la glace à
Cold Spring Harbour. Bien entendu, on pouvait ne
pas en attraper, mais quelquefois on tombait sur un
vrai filon d'anguilles, des grosses à la chair fine,
blanche ; grand-papa Van Velsor en raffolait.

Il pleuvait à verse dehors. Mais il y avait du printemps dans l'air, bien qu'à Mickle street, le printemps
arrivât doucement et en retard, serré de près par
l'approche poussiéreuse de l'été. Cependant, malgré la
pluie, on sentait une odeur de printemps. Les fleurs
qui s'épanouissent de bonne heure, les lilas qui poussaient à Brooklyn et tendaient leurs grappes par-dessus
les barrières des jardins, jusque sous le nez des pas-

sants. Quelque part dans la maison il y avait des fleurs.
C'était étrange. Des fleurs. Les fleurs dont ce jeune
homme avait parlé. Des fleurs pour lui, car il mourait.
Il mourait, mais tout de même il était immortel et
la Mort était belle aussi, et reposante. Au-dessus de
sa tête, il y avait un cordon de sonnette qui avait été
placé là quand il n'eut plus la force de taper avec sa
lourde canne sur le plancher, comme il le faisait pour
appeler Warry ou sa mère. Quand la mort le touche-
rait, il ne pourrait plus tirer ce cordon.

Viens, charmante et douce mort,
Danse le long du monde, arrive sûrement, arrive.
Le jour, la nuit, pour tous, pour chacun,
Tôt ou tard, délicate mort.

Belles paroles, paroles familières.
Warry Fritzinger et Mme Davis le virent lever les
bras tout à coup au-dessus de sa tête, tâtonnant pour
le cordon de sonnette. Ses bras tombèrent.
Quand les fidèles approchèrent, et, debout autour
de lui regardèrent son visage, ils virent qu'en effet,
la mort était venue à lui apaisante et belle.

ACHEVÉ D'IMPRIMER
LE 17 FÉVRIER 1930
PAR F. PAILLART, A
ABBEVILLE (SOMME)